Reader Takes All.

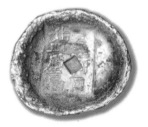

財富地圖
Map of Wealth

財富、富裕，與富翁

文／郝明義

在「網路與書」第二本主題書《詩戀Pi》的新聞發表會上，我提到第三本書的主題將和「財富」相關之後，有人問我是否當真，因為很難想像「網路與書」來做「財富」的面貌會是怎樣。

要做這個主題，出於兩個動機。

第一個動機，在於覺得需要就「財富」、「富裕」，以及「富翁」之間，做一番定義的區分。這三者之中，都有一個「富」字，但我覺得意義上大不相同。

財富，雖然表面上很容易聯想到金錢，其實是一種很廣義，甚至很主觀的定義。金錢固然可以是財富，美麗可以是財富，驚人的音樂（或體育）天賦可以是財富，健康可以是財富，美滿的家庭也可以是財富。

富裕，是一種很主觀的感覺，但這種感覺主要以金錢來衡量。因此，富裕和金錢收入的絕對值無關，但是和使用金錢的方法以及其滿足感的相對值有關。

富翁，則完全是用金錢的多少來衡量，一種很客觀的定義。一個人是否被別人視為富翁，和他主觀怎麼認定財富無關，和他對富裕的感覺也無關。換個方向來說，再怎麼自認擁有財富的人，怎麼自覺富裕的人，只要他沒有一定程度的金錢，就不是富翁。

在過去的社會，用比較極端的例子，以封建時代或其相對應的農業社會而言，財富、富裕，以及富翁，可以說是三位一體。換句話說，富翁代表的就是財富和富裕，財富象徵的就是富翁與富裕，富裕描述的就是財富和富翁。還有很重要的一點是，產生這三位一體最重要的原因，也就是取得財富的原因，則和政治有密切關係。君主的分贈，或特權的給予，有太多我們耳熟能詳的故事。

Corbis

西方錢幣起於公元前第七世紀利地亞（Lydia）國。當時的錢幣是用琥珀金（electrum），一種天然的黃金與白銀合金來製造的。圖中就是古時用琥珀金造的錢。

但時代推進到今天，二十一世紀，資訊時代，起碼就台灣這樣一個地區而言，社會的發展畢竟已經是另一番面貌。財富、富裕，以及富翁，這三者之間越來越沒有等號的關係。一方面，要擁有富裕，甚至富翁的生活享受，不只是富翁的專利；一方面，創造財富（或擁有財富），不必非金錢不可；但另一方面，相對地（或說是相應地），成為富翁的門檻，也拉高到一個前所未有的標準了。

如果我們沒法體會或認知財富、富裕，以及富翁這三者之間的差異，那麼在追求「致富」的過程中，免不了會產生角色與方法上的錯亂。

第二個動機，則是覺得今天有關「財富」的觀念和方法，其實如同「民主」的觀念和方法，都起源於西方文明。「民主」的概念和方法來自西方，在今天已經是大家的共識，因而在應用的時候，我們總會警覺彼此歷史和社會背景相同及相異之處，但是在應用「財富」的觀念和方法時，我們卻很容易就沒有相對應的心理認識及準備。沒有這些準備，產生錯亂是不免的。

當然，在《財富地圖》裡，我們想做的不只這些觀念和方法的探討，也想做一些有關財富的享受和品味。結果，發現這個部份的難度最高。

「富過三代，才懂穿衣吃飯」，的確不是沒有道理。台灣財富的累積，主要集中在近二、三十年，不過一代的時間，在財富的享受和品味上，正好落在一個不前不後的中間點上。如果在學習財富的觀念和方法上，我們還有很漫長的路要走，那體會財富的享受和品味，路途就更遠了。

這個題目，值得特別再做一個專題。　■

《財富地圖》之主題，特別感謝沈雲驄先生提供企劃協助。

Net and Books 網路與書 3
財富地圖

經營顧問 Peter Weidhaas　陳原　沈昌文
　　　　　陳萬雄　朱邦復　高信疆
發 行 人 郝明義
策劃指導 楊渡
主　　編 黃秀如
編　　輯 李康莉・傅凌
網站編輯 莊琬華
北京地區策劃 于奇・徐淑卿
美術指導 張士勇
美術編輯 倪孟慧　張碧倫
攝影指導 何經泰
企劃副理 鍾亨利
行政兼讀者服務 塗思真

出版者：英屬蓋曼群島商網路與書股份有限公司台灣分公司
　　　　臺北市南京東路四段25號10樓之1
TEL：(02)2546-7799　FAX：(02)2545-2951
email：help@netandbooks.com
網址：http://www.netandbooks.com
郵撥帳號：19542850
戶名：英屬蓋曼群島商網路與書股份有限公司台灣分公司
總經銷：大和書報圖書（股）公司
地址：台北縣新莊市五工五路2號
TEL：886-2-8990-2588　FAX：886-2-2290-1658
製版：凱立國際印刷（股）公司
印刷：詠豐印刷（股）公司
初版一刷：2002年4月
初版二刷：2004年11月
法律顧問：全理法律事務所董安丹律師
定價：新台幣280元

Net and Books 3
Map of Wealth
Copyright @2002 by Net and Books
Advisors: Peter Weidhass　Chen Yuan　Shen Chang Wen
　　　　　　Chan Man Hung　Chu Bang Fu　Gao Xin Jiang
Publisher: Rex How
Editorial Consultant: Yang Tu
Chief Editor: Huang Shiou-ru
Editors: Karen Lee・Fu Ling
Website Editor: Lucienna Chuang
Managing Editor in Beijing: Yu Qi・Hsu Shu-Ching
Art Director: Zhang Shi Yung
Art: Ni Meny Hui Zhang Bi Lun
Photography Director: He Jing Tai
Marketing Assistant Manager: Henry Chung
Administration: Jane Tu
Net and Books Co. Ltd. Taiwan Branch(Cayman Islands)
10F-1, 25, Section 4, Nanking East Road, Taipei, Taiwan
TEL:886-2-2546-7799　FAX:886-2-2545-2951
Email:help@netandbooks.com　http://www.netandbooks.com

《財富地圖》之出版，感謝永豐餘、CP1897網上書店、英資達參予贊助。

CONTENTS
目錄

圖片提供／故宮博物院

楊明龍攝影

賀新麗攝影

真正的發現之旅不在於找到新世界
而是以新的視野去親近它，愛它

您了解所成長的這塊土地嗎？

其實，您所了解的遠少於您知道的；

您所運用的遠少於您所見的。

勇敢出走吧！去發掘台灣之美，

同時開拓您的視野，與台灣一起邁向新希望！

休閒行旅是一種視野的開拓，拉得越高就看得愈遠，打破疆界，開拓更多的面向。

長久以來，永豐餘一直亦步亦趨，貼著世界發展的脈絡，從造紙到生物科技，積極朝向國際化邁進；因為我們堅信，沒有本土化的國際化，將令我們缺氧失根；而沒有國際化的本土化，則令我們視野狹隘。

永豐餘以專業、前瞻、創新與服務的態度，持續在造紙印刷、金融服務、資訊產業、奈米科技、生物科技、學前教育及文化傳播等方面拓展領域與視野。我們將繼續為美麗的福爾摩沙奉獻，為共創台灣競爭力而努力！

永豐餘 發掘台灣之美，共創未來新希望
http://www.yfy.com

Part I
歷史地圖

財富東來之後

中國文化裡需要對財富調整的觀念

文／郝明義

　　決定我們如何面對人生的，有很多面向。誰都不會否認，財富是其中極為重要的一個。「人為財死，鳥為食亡」，很早就點出了這個課題的關鍵。

　　中國文化，對財富一向有豐富的容納與規劃。從上古使用貝殼做為最早的貨幣開始，我們的文字裡，財貨買賣貢貸貧貪貫貯賄賂贈購賒，就已經以「貝」為中心，發展出與財富相關的各種有形無形的概念。兩千年前司馬遷的《史記‧貨殖列傳》裡所刻劃的人物，對財富相關的許多見解、手段，更是今天讀來也為之怦然心動。

　　所以，對於歷史如此悠久的文化而言，為什麼還需要多談財富？

　　關鍵在於今天使用的「財」、「富」兩字，雖然在我們的文化裡由來已久，但是，在二十一世紀的現

《清明上河圖》描繪北宋汴京的富庶。當時中國的富足，非歐洲所能及。　　　　　　　　　　故宮博物院／提供

在，財富這兩個字背後代表的意義、取得的方法、呈現的形式、使用的方法，卻已經和過去大不相同。「財富」之於今天，比起一百年前及更早以前，幾乎可以說是名同而實異了。

之所以如此，乃由於今天，我們在生活與文化中所接觸的，所熟悉的「財富」，其實是西方的產物。

我們所認知的財富的形式，不論是鈔票還是股票還是債券；我們獲取財富的方法，不論是投資還是經營企業還是購買樂透；我們運用財富的方法，不論是儲蓄在銀行還是預先動用信用卡還是儲存成外幣；甚至我們享受財富的概念，不論是購買名車還是環遊世界還是出入蘇富比，都來自於西方系統。

換言之，今天我們在談的「財富」，是從西方東來的財富。

所以，談到財富，我們不能不先問一個問題：我們是否需要先從西方的「財富」傳統進行了解？

在十五世紀之前，西方文化對財富的概念，和中國文化的區別並不大。理由有幾個：

一，雙方都是農業或畜牧經濟，平民要創造財富的途徑和工具乏善可陳。

二，都是君主體制，君主和少數特權階層是財富最大的擁有者、分配者。財富和政治密不可分。

三，君權思想下，私人財產的觀念並不確定。君主習於侵擾民間，索賄收賂，橫徵暴斂之外，民間經營的行業如果有利可圖，易遭禁沒。私人財富累積的速度與規模有其局限及掣肘之處。

四，雙方文化中都有高於財富的價值信念。中國有士農工商的儒家思想在支持；西方則有塵世不過

是過渡到天堂，因而財富不足一顧的基督教思想在支持。

　　然而，從十五世紀開始，西方卻發生了三件重要的事件，因而告別過去。從此，西方形塑了新的文明，創造財富的途徑與工具，展現和過往完全不同的面貌。

　　這三件事情是十五世紀的文藝復興及宗教革命，十八世紀的工業革命，以及二十世紀美國的興起。

　　發端於十五世紀的文藝復興，幫西方解脫了神權的桎梏。古希臘的理性文明，歷經中世紀的沉睡之後，重新甦醒。接下來的天體論、方法論，以至於宇宙機械論的科學與哲學思想，不只建立了對世界重新認知與探索的根據，也有了技術與方法。

　　與文藝復興同時代發生的宗教革命，產生了馬丁‧路德派以及喀爾文派的新教徒。這些新教徒不再是中世紀漠視個人財富，只知奉獻給教會及建造教堂用的信徒。新教徒的道德信仰是：一，上帝的選民，為了證明自己是為「選民」，本來就要努力創造財富；二，創造財富所獲得的榮耀，歸於上帝。人類在俗世以財富當作成就衡量標準，有了道德上的理由與依據。

宗教革命時候的喀爾文。

工業革命時代的紡織機。

　　歐洲人對於知識與信仰的革命，開啟了接下來以哥倫布為代表的新世界發現，也為之後五百年對全世界的殖民、掠奪思想，奠定了觀念、文化、技術、力量的基礎。其後幾個世紀裡，葡萄牙、西班牙、荷蘭、英國，彼此嬗替，又相互增益，主宰了歷史的舞台，極其自然也合理。

　　銀行、股份有限公司、股票、私人財產的觀念建立，都在這個階段萌芽。同時也在這個階段，西方文化開始發展一個新的觀念：國家與政府之存在，是為了保障私人財富，輔助民間財富之開拓，而不是掠取與欺壓。西方人對財富的想像、規劃與發明，都有了和過去截然不同的變化。

　　十八世紀的工業革命，把文藝復興之後的各種知識革命做了總結。知識的突破與技術的突破相互激盪之後，造成產能的突破，產能的突破造成產銷分離的突破，產銷分離的突破造成市場的突破，市場的突破造成資本累積的突破。

　　工業革命擺脫了過去農業經濟的財富創造模式，把財富的累積方法由過去的算術方法改為幾何函數。資本主義真正有了基礎。接下來西方文明開始以更急速的擴展模式來掌握能源、開闢市場、累積財富。國家及個人皆然。配合著同時代達爾文競天擇論（優勝劣敗本來就是殘酷的真理）之出現，更強勢的侵略和殖民地紛紛出現，自屬必然。

　　分工制度、民主、近代教育概念、樂透彩券、財富投機泡沫的出現，也都在這個階段。

　　如果說工業革命之後登場的是一個新的財富體系，那麼十九世紀後半到二十世紀初美國的發展，則

把這個新的體系做了更上層樓，淋漓盡致的展現。

美國對西方財富文明的貢獻有兩個，第一是把前兩階段探索所得的技術與能源，做了最大的結合。從鋼鐵、石油、鐵路、電話、生活用品、娛樂，美國的產業和企業，全方位展現了創造財富極大化的可能。

第二，是藉由新誕生的廣大中產階級，美國開發出廣告宣傳與刺激消費的工具，使財富的獲得與享用取得前所未有的示範，因而確立了大量生產、大量消費的經濟體系。

1940年代，二次大戰之後不久，美國零售分析家李伯夫（Victor Lebov）說過一段這樣的話：「我們這龐大生產力的經濟，需要我們以消費為生活方式，將購買和使用物品轉化為儀式，在消費中尋求精神滿足和自我滿足……以不斷增加的速度把生產出來的東西消費掉、燒掉、壞掉、汰換、丟掉。」

這是美國經濟體系和財富文明最生動的註腳。

今天我們能想到的諸多財富的呈現及擁有方法，大到貨幣市場和企業的併購，小到個人貸款和信用卡，都在這個階段開始出現。總之，美國在財富的獲得及消費上，都為西方文明做了歸納，創立了典範，以及神話。

相較於西方，中國在這三個階段的發展則是：

一，文藝復興的年代，正是明代開始海禁，停止向外探索的年代。

代表二十世紀美國財富文明的公路系統（上圖）。

二，工業革命的年代，正是清朝開始乾嘉考據學巔峰的年代。

三，美國開始展現財富力量的年代，正是以鴉片戰爭為開端，中國各種戰爭和內戰相隨而來的年代。

因此，我們很容易比對出今天對「財富」的認知，到底出了什麼問題。

一，我們對財富的概念和方法，其實是來自西方的。而我們開始學習創造財富，得以持續累積財富，是很近期的事情。在台灣，不過是近四、五十年，在中國大陸，尤其不過是近一、二十年的事情。

二，因而，我們沒跟上西方人這五百年來所累積的財富創造觀念與方法。我們創造財富的太多方法，不是停留在農業時代，就還停留在封建時代。到今天還那麼多人樂此不疲地追求政治裙帶來創造財富，以「紅頂商人」為傲，正是一個明顯的例子。

三，我們對西方文明在財富背後的法律、道德、社會價值觀，更還沒有掌握。今天台灣的企業還擺脫不了家族利益的糾葛，大陸還在建立私人財產權利觀念的階段，都足以說明這些不足。

四，因而，我們對西方文明中創造財富的工具、想像力、企圖心以及責任感，不只可能見秋毫而不見輿薪，甚至可能別有誤解與扭曲。

這麼說，在今天我們開始為一個新的世紀的到來而歡欣，為我們站在一個前所未有的財富立足點上而鼓舞的時候，不能不提醒自己：其實我們還面臨著兩個問題。

第一個問題是，我們今天所面對的財富，是西方文明的產物。而西方有兩個：一個是歐洲的西方，從文藝復興之後，認為以人為中心，世界可以無限開拓的西方；一個是近一百年美國所代表的西方，財富與消費極大化的西方。

這兩個西方的概念，互相有承接，也有差別，我們要學習，有一條遠比想像中更漫長的過程。不談政治與法律這種社會機制，即使在個人層次也是如此。

摩根（J. P. Morgan）是二十世紀初代表財富的巔峰人物，今天全世界的金融活動，仍然在掛著他名字的那家公司的指揮棒下起舞。摩根雖然是可以催生全世界首富（1901年的卡內基）的人物，但是他人生的終極目的卻不是財富：「我們是為永恆，為世世代代的延續而創立的。等各位已經過世，已經埋葬千百年之後，我們還會繼續屹立。我們的事業將在一代一代今天還沒出生，但將會接受到經營訓練的那些人的手上，沒有中斷地持續下去。我們是個組織。」我們的企業卸不下傳子傳孫為念的包袱，就學不到摩根這種西方財富的精髓。

再以比爾‧蓋茲為例。他700億美元的財富（2002年3月），是許多人的榜樣。但是他捐出240億美元成立的基金會，以改善落後國家健康醫療的慈善行為呢？西方社會由洛克斐勒而比爾‧蓋茲一脈相承，在獲取巨大財富之後捐獻社會的精神，不是我們簡單地歸之於「避稅手段」就可忽略的。

我們的追趕與學習固然已經遠有不及，但更嚴重的，是第二個問題。

今天西方財富的觀念、方法與機制，本身就已經出了問題。由歐洲所起源，由美國而大成的西方財富文明，在發展五百年之後的今天，一方面把財富的擁有與享受發揮到極致，一方面卻已經走進了困境。創新技術、開採能源，再強力促進消費的財富創造三部曲，本身已經有了瓶頸。畢竟，這個世界在「無限開拓」之後，還是有其極限；財富與消費極大化之後，產生的問題也極大。

看看幾個數字就不難了解：第一是人口數字：19世紀，全世界總人口10億，今天60億，2015年可能到達72億，2050年時，可能增長至80到100億之間。第二，由於我們不斷地在創新技術、開採能源、強力消費之間來回加溫，結果今天人類破壞地球的速度是：「每分鐘」失去21公頃熱帶林、流失50噸肥沃表土、大氣中增加12,000噸二氧化碳，「每小時」有685公頃具生產力的旱地轉變成沙漠，「每天」有25萬噸硫酸以酸雨型態落在北半球。2002年3月，台灣的人為久旱不雨而苦惱，整個亞洲為沙塵暴的來襲而苦惱，不是個案，也不是偶發現象。

造成這個現象的主要原因之一，正是李伯夫六十年前所誇耀的那個財富文明。「在消費中尋求精神滿足和自我滿足……以不斷增加的速度把生產出來的東西消費掉、燒掉、壞掉、汰換、丟掉」的財富文明。這種財富文明是否能夠持續不斷地運作下去，不談多年來已經有許多哲學家、思想家為之發出警

不斷的戰爭，是近代中國無法累積財富的原因之一。下圖是抗戰時期日本飛機轟炸上海閘北，造成的大火濃煙。　　Corbis

鐘，即使許多享受到好處的檯面人物，都為之擔心不已。偏偏今天這個財富文明還正好繼續是眾多發展中國家以及落後國家，羨慕、學習、模仿成長的對象，包括台灣與大陸。

以汽車為例。大量汽車廢氣所造成的空氣污染及溫室效應，本來就已經是地球最嚴重的問題之一，世界銀行已經提出全球車輛到2010年時會高達10億輛，能源需求會比今天增加一倍。但是從美國所立下的榜樣，太多後進國家仍然把擁有汽車視為財富的象徵。以大陸來說，看2002年2月18日外電，上海人現在最熱中購買的，就不是居屋而是汽車。而大陸的環境污染問題，本來就是全球最嚴重的地區之一。

傳統中國文化對財富的觀念，並不是一般人立即反應所能想到的「士農工商」的次序，或是「富貴如浮雲」那種不屑。

近世真正確立「士農工商」價值尊卑的，應該是清朝雍正二年（公元1724年）的詔諭：「四民以士為首，農次之，工商其下。」如果把時間推得久遠一些，像春秋時代，管仲雖然也說「故其制國定民，務使士農工商，四民不雜」，但是「士農工商」應該是陳述的順序，並不是尊卑的次序。在這段話之前，畢竟管仲還有一段話是：「萬乘之國，必有萬金之賈；千乘之國，必有千金之賈；百乘之國，必有百金之賈。」換句話說，大國要有大富才有它的道理，才能顯出氣派。

至於「富貴如浮雲」雖然很容易被認為語出《論語》，但是斷章取義。孔子的全話其實是「不義而富且貴，於我如浮雲。」「富貴如浮雲」的但書是「不義」。更何況，孔子在＜泰伯篇＞裡有更清楚的一段

沙塵暴，是大地的反撲。北京沙塵暴，對整個亞洲都造成問題。澳洲也有沙塵暴（上圖）。

Corbis

解釋：「邦有道，貧且賤焉，恥也；邦無道，富且貴焉，恥也。」

我們可以從自己文化裡重新找尋的參考，不只如此。

從文藝復興以來，西方對人類文明最大的貢獻，就在於以人為中心，確立了人的價值與權利，也就是人文主義（Humanism）。人文主義的正面在於破除迷信，破除威權的壓迫，也揭開了宇宙神祕的面紗。人文主義的負面，則在於過度相信知識以及技術的力量，過度相信優勝劣敗。

一百六十年前，共產主義出現，是西方本身產生的一次反省。一百六十年後，則勢必再需要另一個角度的省思。

對照中國傳統文化重視天地人之間的三才和諧，人文主義推動西方財富文明五百年的功過，已經十分清楚。人文主義脫胎於先前過度貶低人的價值的時代之後，結果又過度突出了人在天地之外的重要性。正是過猶不及。今天重視環保，重視生態，只是開始體會到在「人」之外，應該重新對待「天」、「地」的一個小例子。因此，就中國文化而言，如何在一個平心靜氣的新的起點上，吸收西方發展五百年的人文主義，創造一種新的普世價值觀，將不只對自己，對全體人類也意義深遠。

財富東來之後，這是我們可以有的一點回饋。　■

編輯部

上古交易的貨幣，「山居者以皮，水居者以貝」。中國文字和財富有關的字，莫不和「貝」相關，古代以貝為貨幣，應該是很明白的。錢是從周朝開始有的，當時又叫「泉」，是取其「流行如泉」之意，後來一些朝代鑄錢的時候，都有「泉」字，也都是希望錢能像泉水那樣流淌天下。這一點和西方貨幣有異曲同工之妙，今天英文貨幣（Currency）正是源自於拉丁字Currere (流動)，也是取其流通不息之意。

先秦思想裡，總以為孔子應該是不屑財富的，但事實上，《論語》裡孔子說：「富與貴，是人之所欲也；不以其道得之，不處也。貧與賤，是人之惡也；不以其道得之，不去也。」他還說：「邦有道，貧且賤焉，恥也；邦無道，富且貴焉，恥也。」由此可見孔子是主張追求財富的，只是先決條件是不能「不義」。
《孟子》：「有恆產者有恆心」，為私有財產的意義下了註腳。《大學》：「富潤屋，德潤身。心廣，體胖。故君子必誠其意。」為胖子的意義下了註腳。
先秦思想裡，把富貴視為無常的，是老子：「金玉滿堂，莫之能守；富貴而驕，自遺其咎。功遂身退，天之道也。」

在傳說中，神農氏不但是開始農耕的人，連市場交易的模式，也是由他而開始。《易經‧繫辭》：「神農氏作，列廛於國，日中為市，致天下之民，聚天下之貨，交易而退，各得其所。」

到了周朝，井田制度出來，更確立了農業文明。由於農業發達，歷代都被視為立國之本，商業則相對是「末」。中國歷史上每當有商業發達起來的時候，總會有人提出本末倒置之說，重新貶商揚農。這種反覆的變化，從先秦一直持續到近代。農業立國，也壓縮了畜牧的空間。中國文化裡飼養最多的就是豬，牛羊則都屬於稀有，所以穿毛料衣服是很晚的事，飲食裡吸收奶製品的習慣也開始得很晚。

春秋時代，最初的強國鄭國，是因商人而立國的。
孔子的弟子中，子貢是個富翁，「結駟連騎……所至，國君無不仆庭與之抗禮。」
范蠡輔助越王句踐滅吳之後，到齊國，再去陶地，改名朱公，以能於致富聞名，後人稱之陶朱公。齊國地利富饒，也以商業稱雄。管仲因為在還沒發跡之前和鮑叔牙一起做過生意，因此十分懂得商業之道。

中國財富相關大事紀

黃帝的時代，除了史官倉頡造字之外，隸首作算數，建立度量衡，長短大小輕重多寡之爭，有以公論。相傳黃帝之妻螺祖，首先繅絲。中國人接觸絲的時間，至少比西方早了兩千年。

	商		西周		春秋
4000BC.	3000BC.	2000BC.	1200BC.	1000BC.	800BC.

以歐洲與美洲為主的其他地區財富相關大事紀

前4000～3500 蘇美人在兩河流域發展出楔形文字，是人類最古老的文字。

前3000 埃及發展出象形文字。

前2100 巴比倫帝國代表一個富裕的年代，漢摩拉比主政時期，出現《漢摩拉比法典》。同一段時間，還有些閃米人也向西往地中海發展。這些海上的閃米人就叫作腓尼基人。

前850 腓尼基人在迦太基建城。

前753 羅馬建城。

前745 亞述人征服巴比倫，建立新亞述帝國。

前第7世紀 雅典、斯巴達等希臘城邦開始建立，開始最早的民主型態。

早於希臘文明之前，愛琴人就發展了一個克里特文明。克里特文明不只是農作和工藝都高度發達，連衛浴設備都已有十九世紀的水準。然而這一個富裕的文明，後來在公元前1400左右，卻神祕地消失了。

兩河流域天然資源不多，地理屏障也少，因此商業活動發展蓬勃，相當自然。
酒、金、銀、銅、鉛、鐵、羊毛、亞麻，都是貿易的商品。橄欖油是非常重要的，因為又可以食用，又可以燃燈，又可以護膚。

美索不達米亞的關鍵就在城市，不論帝國之間的爭戰和興廢，城市本身保存了自己的個性和文化主流。
埃及，由於可以自給自足，對商業的依賴程度不大。埃及雖然也有統治中心，但是沒有美索不達米亞那種城市，人口散居在尼羅河流域的村落中，因此一旦埃及的統治中心垮掉，整個文明也跟著垮掉。

希臘多山，因此產生了許多小小的，相互隔絕的地區。在公元前1500年左右開始，他們產生類似美索不達米亞的城邦體制。在荷馬時代的希臘，追求的是英雄的榮耀，對商業活動不屑一顧。然而利地亞的造幣及商業活動傳統轉移到希臘之後，希臘結束了神話與英雄的時代，進入理性與貿易的時代，很快形成一個高度的商業文明。這種由商業和貿易而發生的文明，和之前是由戰爭與武力而形成的文明產生了很大的區隔。由於陸路交通不便，海岸線又長，所以希臘人又特別擅長航海（當然是在地中海的範圍之內）。到公元前六世紀的時候，希臘人已經在今天東起土耳其，西至西西里島的地中海四周，以及黑海沿岸，建立了許多城市。

公元前3500到2500年時，美索不達米亞就發展出一種城邦型態的文明。其中有一個名叫艾布拉（Ebla），除了艾布拉城本身就有三萬人口之外，還領有四周八百個村鎮，全部人口有將近三十萬人之譜。很特殊的是，艾布拉的國王，是由一群富商之中選舉出來的，一任七年。根據紀錄，艾布拉王已經擁有兩百萬隻羊，和五十萬頭牛。(1964年出土了兩千片艾布拉城的泥板紀錄。)

西方最早的錢幣，出現在公元前第七世紀，特洛伊城附近的利地亞王國。這個王國最早用琥珀金，一種天然的黃金與白銀合金來製造錢幣。公元前560年克魯瑟斯就位，改以純金或純銀來造幣。錢幣的出現，加速也加大了各種商業活動，並且為日後希臘的市場開了先聲。骰子和西方歷史上記錄最早的娼館，也是在利地亞出現的。公元前546年，利地亞和波斯交戰戰敗，被居魯士所滅。

秦始皇統一天下之後，除車同軌，書同文之外，在財富相關的事情上也做了幾件重大決定：
一，定兩種貨幣。黃金改以鎰為單位（周朝以斤為單位），為上幣；銅錢半兩，為下幣。
二，把珠玉龜貝銀錫之類當當器使用，不再當貨幣使用，「廢貝用錢」。中國的錢幣，在價值和意義上與西方有所不同。中國的「貨幣是以賤金屬為之，不以大宗商業及遠距離的商業作經營之對象，與歐洲的貴金屬貨幣實為兩大系統。」儘管不是貴金屬，但是此後歷朝歷代，仍舊一直在「錢幣重則有盜銷之弊，輕則有盜鑄之弊」的兩個循環裡擺盪。亂世之中，停用錢幣，改以其他有價產品來交易的例子，比比皆是。

漢初，由於天下久經爭戰，民失所業，大饑饉，人相食，但富商大賈仍然周流天下，因而漢高祖重農賤商，「令賈人不得衣絲乘車，重租稅以困辱之。」
經過文景之治的休養生息，到漢武帝的時候，漢代國家財富積累到前所未有的高峰。「太倉之粟陳陳相因，充溢露積於外，至腐敗不可食。」於是，漢武帝對內大興土木，對外則擴張疆土，同時，宗室大夫，「爭于奢侈……無限度。」終至於「物盛而衰」。

91 竇憲大敗北匈奴殘部，北單于僅以身脫。此役之後，匈奴不能在漠北立足，只得西逃，三百年後移至黑海，引起骨牌效應。原住黑海北岸的西哥德部落，西侵多瑙河上游；原住多瑙河上游的汪達爾部落，西侵羅馬帝國。這些肇族終導致羅馬帝國的滅亡。

晉朝因為商業太發達，有鑑於商人多寄宿於客舍（也就是逆旅，旅店的意思），曾想廢止旅店。五胡亂華之後，晉室南渡，中原貴冑也跟著大規模南遷，經濟中心也由北而南，成為中國經濟南北消長的一個關鍵。

秦始皇還遷天下富豪十二萬戶到洛陽，並興建財富與國力之代表——阿房宮。其實阿房宮只是上林苑中的一個前殿。但這個前殿「東西五百步，南北五十丈，上可以坐萬人，下可以建五丈旗」，相當於今天136個足球場的面積。項羽入關之後火燒阿房宮，大火久久不滅。今天遺址分布面積達10.89平方公里。2002年大陸要進行試掘。

不論中國還是西方，鹽都曾經代表財富。中國的鹽政一直是國家的財政命脈。現代英語中的Salary（薪餉），也源自拉丁字Salrius，鹽質的意思。漢武帝時，接受孔僅、南陽之建言，收鹽鐵之經營入官，禁止民間私自鑄鐵及煮鹽。

春秋進入戰國後，各國兼併為七雄對峙，彼此競爭激烈，財富之使用也就更形揮霍，黃金的使用，進入高峰。
春秋戰國之交，井田之制，徹底破壞，人民非自謀生計不可。而談到求富，農不如工，工不如商，所以周人都改行營商。周人中最善於經商者，是白圭。

公元前91年 司馬遷作《史記》，因「布衣匹夫之人，不害於政，不妨百姓，取與以時而息財富，智者有采焉。」而作《貨殖列傳》。

桓寬著《鹽鐵論》。

桓帝延熹九年，大秦王安敦派使者來交易。

三國時期，由於錢濫鑄，加上初期戰亂頻仍時產業敗壞，金屬貨幣失去交換價值，因此金屬貨幣不太通行，穀帛也取得貨幣的資格。

| 戰國 | 秦 | 西漢 | 新莽 | 東漢 | 三國 西晉 | 東晉 |

| 400BC. | 200BC. | 1 | 200 | 400 |

前491 大流士進攻雅典，開始波斯與希臘的戰爭，到前479以波斯戰敗收場。後來這些故事都寫入希羅多德的《歷史》。
前469 蘇格拉底誕生。
前4~5世紀 蘇格拉底、柏拉圖、亞里士多德的年代，也在這同時，希伯來聖經，也就是《舊約聖經》寫成。

前334 亞歷山大從馬其頓開始出擊波斯，開展一個新的帝國。
前264 羅馬與迦太基戰爭開始。

前146 迦太基被羅馬滅城。
前30 渥大維被尊「奧古斯都」，羅馬共和國成為羅馬帝國。

380 基督教被定為羅馬國教。
395 羅馬帝國中間部份的國土為北方肇族所佔，無力收回失土，分裂為東西羅馬帝國。

到了公元前六世紀末的時候，希臘的城邦是由城民所組成的議會所管理。個人的權利和責任，受到前所未有的重視。不同的城邦對參予議會的城民條件有不同的規定，但都和財產有關。有的財產條件訂得很高，有的訂得比較寬鬆。參予議會的人數有限制的，形成所謂的「寡頭政治」（Oligarchy）；另外一些城邦完全不設財產條件的，就形成所謂的「民主政治」（Democracy）。條件寬鬆的「寡頭政治」的議會人數，可以多達九千人參加，「民主政治」的議會人數，則可以多達兩萬至四萬人。

希臘的城邦，每個城裡都有一個市（Agora），這個市和中國的市集概念不同，不是定時聚會開放，而是每天經常運作，是全城人的生活中心。交易、社交、聚會，甚至審判都圍繞著這個市場而展開。像蘇格拉底的講學與生活，就環繞著這些市場發生。
希臘人看了太多商業活動後，使得哲學家產生了一些新的想法。柏拉圖在《理想國》裡主張要去除財產在政治上的有害影響，唯一途徑就是讓權力者無財產，有財產者無權力。亞里士多德則主張市場互動的結果應由參予者的身分，而不是商品價格來決定。買同樣的東西，有錢人應該比窮人付比較貴的價錢才是合理的。

馬其頓，是希臘北部一個王國制的城邦。公元前334年，馬其頓的亞歷山大東征，建立了一個從地中海而埃及而兩河流域，直到印度的史無前例的大帝國。在這個過程裡，因為擊垮波斯帝國，從波斯帝國的國庫裡釋放了龐大的財富，有18萬Talents的金銀之多。（一個talent相當於28.3公斤的金或銀。）
亞歷山大死後，手下為了爭奪他的版圖，鏖戰了二十年。之後，三分天下。

羅馬最早有國王，但後來為人民所驅逐。自此，羅馬為長老院所治理，進入共和階段。共和階段的羅馬，一切民營化。軍隊不設常規軍，收稅不由國家，建設也都分包給私人。國家的財富來自不斷地拓展版圖，每征服一個地方，就征收那個地方的財富。俘虜多，也是羅馬奴隸制大盛的一個原因。全國有三分之一是奴隸。有錢人固然有上千奴隸，一般人家也有一兩個奴隸。
龐貝、凱撒，安東尼之戰後，渥大維登基稱帝，羅馬共和結束，進入帝國時期。
羅馬是一個政治與金融的首都，只事消費而不生產。渥大維征服埃及，成為奧古斯都大帝的時候，羅馬的財富固然已達最高峰，但也注定要盛極而衰。因為環顧四周，再無其他富裕地區可以征服。為了維繫龐大的疆域，以及境內的叛亂，羅馬帝國開支最大的，還是駐守各地的大軍、日益擴大的官僚體制，還有購買外國的貨品，中國的絲綢，阿拉伯的香水和香料，波羅的海的琥珀、貂皮和寶石。在國內，皇帝做的一，偷工減料，降低銀幣的含銀量。二，加稅，因而貪斂日盛。三，抄沒「叛徒」的財富。

佛教從東漢時期傳入中國，之後日盛。到南朝的時候，印度許多僧侶是由海路藉由商人的船舶進入中國。法顯去印度留學三年，也是跟商人大船而遭。佛教的傳入中國，和當時對外貿易的頻繁有密切關係。

唐朝進入中國財富與文明的一個高峰，除了長安是重心之外，當時重要商埠有廣州、揚州、泉州等。其中揚州因運河而把南北交通之咽喉，是繁榮的商業都市，胡人流連居住者甚多，胡店多以珠寶為業。對外貿易發達，有商人從閩粵經水路而到今天錫蘭及波斯灣一帶，有商人從陸路而進波斯、印度，與日本、韓國的貿易也很熱絡。
唐朝風氣一變，五品以上，不得入市。非州縣之所，不得設市。午時擊鼓二百下而開市，日落前七刻擊鉦二百下而閉市。唐代還定下許多和商業相關的法律，多為後世繼續引用。

晉朝時候，各地交易就不全用錢，而以穀物夾雜。到南北朝的時候，情況更嚴重。南朝幣制雜亂，不但繼續以錢和物來並行交易，嶺南有些地方甚至根本就不用錢，而以鹽米布來交易。北朝的錢的名目也十分繁瑣，私鑄也多，很多地方錢不通行，大家寧可以絹布交易。造成這些情況的主因是：朝廷把錢幣拿來當成興利的工具，法定價值和實際價值相差太遠，往往出現所謂「有五銖之名，而無二銖之實」的情況。

兩晉南北朝期間，社會對商業與財富，卻格外執迷。當時連王室也以從商為樂。許多朝代的皇帝與太子，都在宮中設立市集，裝扮打酒賣肉，以自己能準確地抵斥論兩為榮。朝廷重臣，靠各種積累而成為巨富的，比比皆是。譬如石崇、王戎、王愷等，奢華程度令人咋舌。（請參見第48頁）

隋煬帝把天下富商大賈之家好幾萬戶遷移到洛陽，使洛陽極其繁榮，胡人紛紛慕名而來要求交易。煬帝又開大運河，奠定了之後南北商業貿易的重要通道。但隋朝本身還是因為煬帝的窮極奢侈而敗滅。

北朝有劉寶以屠販而成巨富
兩晉南北朝時期，廣州因為南土沃賣，加上海外船舶常至，十分富裕。廣州刺史一職，更是肥缺，因而有「廣州刺史，但經城門一遍，便得錢三千萬」之說。
南朝的煉丹，也就是迷幻藥風氣亦盛。
梁朝武陵王，在蜀十七年，積累的財富是黃金一萬斤，銀五萬斤，其他珍寶尚不算在內。

裴明禮「營生之妙，觸類多奇」，也是唐朝的巨富。（請參見第49頁）
唐憲宗時，發展出「飛錢」，是匯兌之始。
唐朝劉白墮以釀酒致富，酒名「鶴觴」。（請參見第49頁）
劉晏任鹽鐵使，常說自己「如見錢流地也」，並且「能權萬物輕重，使天下無甚貴賤。」可惜後來在德宗的時候，受誣陷而死。（請參見第49頁）

茗茶，最早見於三國時期，到唐朝盛行於世。陸羽著《茶經》三篇，推廣更大，因而被奉為茶神。到憲宗的時候，把茶和鹽一起看待，也開始徵稅，成為國家重要財源。

安史之亂後，唐朝國力大衰，於是為了籌募財源，搜括民間財富，十分橫暴。

東晉　　　南北朝　　　隋　　　唐
400　　　　600　　　　800

第六世紀 歐洲各地社會秩序混亂，基督教羅馬教主逐漸替代羅馬皇帝，成為安定力量，被尊稱為「教皇」。

622 穆罕默德逃到麥加避難，回教紀元開始。兩年後，穆罕默德以區區三、四千人的軍隊起兵，在接下來一百年間，回教建立了一個橫跨中亞，北非及西班牙的大帝國，帶動了東西各種文化的交流。

第八世紀時，日本遣唐使19次

公元476年羅馬滅亡，羅馬所代表的錢幣經濟也全面告終。人類又退回村莊以及沒有錢幣的經濟中。錢幣要到十字軍東征的時候才逐漸復甦，一方面資助了曠時廢日的大軍遠征，一方面也為東西方新開啟的貿易路線充當媒介與財源。

奴隸是很早就存在的。早期希臘、羅馬時代使用奴隸來做生產性的工作，但是後來主要用來當家用奴隸，成為財富和身分的象徵。從公元第二世紀開始，隨著羅馬帝國的衰敗，奴隸逐漸消失，農地的耕耘改到佃農的手裡。接下來的亂世，佃農希望自己有靠山的保護，因此願意為土地的領主付出越來越多，土地的領主嚐到好處，希望佃農不要流失，就利用土地把佃農綁得越來越死。佃農逐漸成為第四世紀的半農奴（Colonus），然後到第六世紀正式成為「農奴」（serf）制度。14世紀時，西歐結束了農奴制度，改行自由佃農。然而農奴制度在東歐卻又持續了幾百年，尤其以俄羅斯直到十九世紀末葉才結束為最晚。

羅馬帝國衰亡之後，城市是農奴的避難所，也吸引一般鄉下人去交易，居住。人口大量從鄉村移動到城市。而城市的公民權意識高漲，為商人所有，為商所治，一方面保障他們不受外來的干擾，一方面還可以賦予人民在行商時候所需要的社會及政治權利。分裂的局面形成了競爭，王公貴族為了爭取人民來歸，增加收入，一再核發更多的特許，並且在政治上妥協，給予城市人更多的自治權。私人財產觀念逐漸抬頭。
這種由下而上的改革，在歐洲各地散播開來。各地的統治者都有樣學樣，極力表現出友善、開放的態度，發掘勞動力，吸引商人，增加商人和他們自己的收入。商人的收穫日益豐富，越來越得到安全與保證，降低做生意的成本。

中世紀的城鎮中，基於一個人就賺到太多錢，別人就沒有錢可賺的假設，因而有了公會的出現。工匠和各種生意人組成各種公會。不准任何人強出頭，不准價格競爭，不准低價買進（Jewing Down）。公會的想法是：每個認真工作的人，都有權利賺取一份生活。但是也過份約束了發展。很多商人、工匠轉而往城外發展，為後來的鄉村的轉包、分工等制度立下基礎。

唐高祖時，昌南鎮的瓷器稱「假玉器」，開始聞名於天下。到宋朝景德（1004~1007）年中，昌南鎮的瓷器名聞遐邇，宋真宗就御命進貢。由於進貢的瓷器底部寫著「景德年製」，於是天下盛稱景德鎮的瓷器，昌南鎮的原名反而隨而不聞。

元朝統一中國後，設驛站制度。由大都開闢一些大道到各行省，每條大道上每隔40或50公里設一個驛站，這個驛站就成為一個市集。全國驛站總數約有一萬，站內備有馬匹二十萬。除了陸路之外，海外朝貢之國很多，泉州集一時之盛。由馬可孛羅遊記，以及伊本巴都他的遊記中，都可以見到描述泉州是全世界最大貿易港之一的說法。元代色目人（地位次於蒙古人而優於漢人的外族）在商業上的勢力最大，除了大量伊斯蘭教徒雜居在中國內地之外，歐洲來的基督教徒也很多。義大利人中，馬可孛羅、阿多利克（Friar Odoric）、白果拉蒂（F.B. Pegolotti）等人回國之後，都有遊記，記載中國之富庶，給後來葡萄牙、西班牙急於東來探索中國之情，植下了種子。

五代諸國割據，相互爭戰不斷，軍需一重，國家就橫徵暴斂。因此宋朝開國之後，第一要務就是免除許多商稅，又頒定稅則，詔告天下，以求便民，減少官吏勒索的機會。因而宋初汴京以商業中心，繁華極一時之盛，「市井經紀之家，往往只於店置飲食，不置家蔬。夜市直到三更盡，纔五更又復開張，要鬧之處，通曉不絕。」廟市，也在北宋就甚為發達。汴京相國寺，可容萬人，每月開放五次交易。

中國以銀為貨幣，起源很早，但是到宋代才真正普遍，視之為「寶貝」，並且流行將銀子窖藏在地下。「此地無銀三百兩」，可能是此時開始的說法。

伯顏平了南宋之後，在揚州將銀子五十兩鑄成一錠，名曰揚州元寶，是元寶的開始。

少年家貧的母昭裔當上後蜀軍相，出資百萬在四川開館雕《九經》，953年完成。毋氏書籍遍銷海內，成為中國第一個書書致富的私人出版家。

北宋真宗（997~1022）時，設計出「交子」，不但是中國最早的紙幣，也是全世界最早的紙幣。

《清明上河圖》繪於南宋，記汴京繁華之盛。

木棉自西方引進中國，在宋、元年間。到元世祖時，專設木棉提舉司，以專人管理，棉花在中國之盛，由此可見。

元代富翁有劉忽篤、馬涉擺、發丁、劉廷玉、烏閣圖哈瑪爾等人。

| 五代 | 北宋 | 南宋 | 元 | 明 |

1000   **1200**   **1400**

第十世紀，是阿拉伯故事《一千零一夜》的年代，以〈阿里巴巴與四十大盜〉為代表，《一千零一夜》裡有許多有關財富的故事。

1095 為了解救被土耳其人佔領的耶路撒冷，十字軍東征開始。

第十二世紀初，柬埔寨建吳哥窟

1215 英格蘭國王暴虐而無能，貴族教士聯合起來逼他簽署大憲章，保護人民基本權利，是人類有憲法之始。

1265 英王屢次違反大憲章，被囚禁，由教士、貴族、平民代表等成立議會，世界有國會自此開始。

十四世紀的時候，歐洲由於黑死病死了大量人口
十四世紀中 薄伽丘的《十日談》

眼鏡應該是十三世紀末發明於比薩。1306年的一項民間紀錄就說明：「製造眼鏡的藝術已經被發現了二十年。」因而到十五世紀中葉，威尼斯與翡冷翠一帶成為各種近視、遠視眼鏡的製造中心。眼鏡的發明，一方面使工人可以進行更精密的工作，一方面也有助於發明更精細的工具儀器。

城鎮發達之後，為了使都市生活的步調有一個統一的節奏與規範，所以對機械時鐘的需求應運而生。到十三世紀的最後二十年，義大利和英格蘭幾乎同時發明了機械時鐘。時鐘的意義：城市的最新象徵。每個城市都想有一個自己的時鐘，遊客如朝聖般前來膜拜、聆聽時鐘。
製造時鐘的技術不斷改進，成為現代機械工程學的先驅。
工作表現與時間單位發生連繫之後，生產力的概念也就誕生。時間就是金錢的觀念，也因而成形。

中世紀開始，歐洲開始萌發近世銀行的雛形。
十四世紀初，佛羅倫斯就出現過一些大銀行家如巴地（Bardi）和佩魯奇（Peruzzi），但是他們借了很多錢給王公貴族，結果一旦他們因為戰爭等原因還不了款或翻臉不認人的時候，銀行就遇轉倒掉。
十四世紀後期的時候，佛羅倫斯最富有的銀行家出現，就是梅迪奇(Medici)家族。這個家族以前車之鑑，做了一些防備：一，不惜錢給王公貴族；二，各地銀行相互獨立，以免出了問題會相互牽累；三，開始新事業的時候，設計了股份有限的觀念，以免負擔無限責任。梅迪奇家族在政壇也舉足輕重，並且大力支助文藝復興時期的藝術創作。他們一直到十八世紀在歐洲和教廷都具有重要的影響力。（請參見第53頁）

十一世紀，中國人發明火藥。十三世紀末發明大炮。十三世紀末或十四世紀初，火藥從中國傳入歐洲。十六世紀開始，歐洲懂得把火藥塞緊，製成丸粒狀，加快燃燒速度，也使得歐洲逐漸懂得如何製造強力炮彈。

十四世紀，也是威尼斯、熱內亞等義大利城市主導地中海商業的時期。但也正因為地中海為他們所佔，葡萄牙、西班牙沒有染指的空間，所以他們想要和遙遠的中國和亞洲交易，由於陸路被阿拉伯人和土耳其人所隔絕，因而想到經由海上，從水路來進行探索。

宗教革命，新教（基督教）興起後，舊教（天主教）人士力圖振作，其中的耶穌會尤其熱心到美洲及亞洲這些有待開發的地區傳播福音。這是利瑪竇等人來華的一個源起。

明朝因為朱元璋出身農家，開國之後，按漢代不許商賈衣絲乘車之例，也只許農家穿綢紗絹布，商賈之家，只許穿絹布。

永樂年間（1403～1424），鄭和下西洋，最遠曾到達非洲海岸。這時是明朝國力的高峰。但是從1500年起，明代下達禁海令，不再往海權發展，與這段時間歐洲的發展正好相反。明代的國力，自萬曆年間（1573～1620）開始，由於朝廷建宮等支出浩大，不但開礦增稅，並且隨意沒收商賈之財產，甚至連窮鄉僻壤的米鹽雞犬，也要繳稅，因而屢屢激起民變。

宋代以程頤、周敦頤、朱熹而發展出「理學」。與朱熹同時代另有陸九淵提出「心即是理」。到明朝時，王陽明以陸九淵的傳承，另起「心學」，影響明代深遠。明亡之後，顧炎武心痛有明一代深受心學空談之害，提出「博學於文」的主張。

嘉靖年間（1522~1566），葡萄牙人來到中國沿海，集中在澳門做生意。《明史》對這些人的形容是：「其人長身，高鼻，貓睛，鷹嘴，拳髮，赤鬚，衣服華潔，市易但伸指示數，雖累千金，不立契約，有事指天為誓，不相負。」
明代西方人東來的時候，也是福建、廣東一帶的人在南洋貿易頻繁之時。

1596　李時珍編纂《本草綱目》成書刊行。

1582　利瑪竇來華，帶來《萬國輿圖》，從此中國始知有五大洲。

明初富翁有沈萬三（請參見第49頁）。

明

| 1400 | 1500 | 1600 |

1453　東羅馬帝國亡。

1455　古騰堡用活版印刷出版了兩卷的大本聖經。

1508　米開朗基羅開始畫聖西斯汀大教堂，歷時四年。

1517　馬丁路德點燃宗教革命。

十六世紀　歐洲開始流行喝咖啡。

1519　麥哲倫開始環球航行。

十六世紀初　西班牙從墨西哥引進巧克力。

1521　法國開始造絲。

1529　歐洲開始使用火柴，比中國大約晚了一千年。

1532　馬基維利的《君王論》。

十六世紀中　西班牙開始從美洲引入菸草；義大利出現撞球遊戲。

1576　法國波丹（Jean Bodin）：《國事六講》，首先揭櫫西方民族主義國家的觀念。

1588　西班牙無敵艦隊進攻英國失敗，自此英國取代西班牙成為海上強權。

十六世紀末　英國女王皇宮內引進抽水馬桶。

1600　英國設立東印度公司；日本德川家康時代開始。

和活版印刷一起出現的文藝復興，經由科學與哲學思想的啟蒙，開啟了歐洲人的世界觀，相信了地球是圓的，也開啟了航海的年代。
1419年，葡萄牙25歲的亨利王子就在薩格勒斯（Sagres）的海岬上建了一個海洋研究中心。之後數十年間，這個中心鑽研大海航行的技術，對葡萄牙人的海權貢獻極大，因而亨利又被稱為「航海者亨利」（Henry the Navigator）。這個時候的葡萄牙人發現緯度線，掌握了航海之鑰。

十五世紀末葉，葡萄牙開始在非洲甘比亞附近的綠角群島，利用黑人奴隸大批種植甘蔗。開始了日後在美洲新大陸的黑奴貿易，以及甘蔗種植的先聲。不久，葡萄牙和西班牙就達成協議，葡萄牙往東走，結果繞過非洲到印度再到了中國；西班牙往西走，結果哥倫布發現了新大陸。兩者的方向不同，目的也不同：西班牙人想發現的是金銀財寶，但是葡萄牙人想的是貿易中賺錢。
1497年，達伽瑪（Vasco da Gama）繞過非洲，找到印度時，他帶去的商品吸引不了印度人，達伽瑪只得攻擊一艘伊斯蘭教船，劫下船上的香料，從此開啟他們在印度洋上以暴力而非商業手段來打開市場。

公元第九世紀，阿拉伯數學家穆罕默德。阿爾。柯瓦瑞茲米（Mohammed Al-Khwarizmi）寫了一本書《還原與換算學》，設計了代數，也解決了小數點運算的問題。後來在十四世紀才介紹到歐洲。
1202年，歐洲出版了一本書《Liber Abaci》，引進了阿拉伯數字（阿拉伯人其實又引自印度），但一直受到排拒，一直到十三、十四世紀，才隨義大利商人的活動而大盛。「＋」「－」符號發展出來。
1484年，巴黎醫生尼克拉斯。舒奎特(Nicolas Chuquet)再發展出每千位加逗號，以及今天所謂的「百萬」、「十億」、「千兆」等概念。
1487年，聖芳濟的修士出版了一本數學書，讀者不需要經過大學教育，就可以學到數學演算，明白複式簿記。
數學在文藝復興時期的大躍進，有助於接下來航海技術、砲彈學的發展，同時也啟發了很多專家針對數學理論的研究。1637年，笛卡兒發表《方法論》，大致建立了數學方法的理論基礎。1686年，牛頓出版《數學原理》，又使數學的理論向前推進了一大步。

哥倫布發現新大陸，對美洲的原住民是一頁不忍卒睹的歷史的開始。西班牙人帶來了印第安人從沒見過的劍、馬，也帶來了感冒、天花等細菌，這樣經過殘殺和疾病的肆虐，美洲人口急速減少。墨西哥二千五百萬印第安人，一百年內死了十分之九。
西班牙人花了大約五十年的時間，才把印第安人累積的寶藏全部找到。之後，西班牙人再開始尋找蘊藏，在墨西哥和秘魯發現了銀礦，使西班牙成為世上最富有的國家。從1500到1800年，美洲礦區供應全球70%的黃金，以及85%的白銀產量。

雍正二年（1724），下詔給各省督撫：「四民以士為首，農次之，工商其下也。農民勤勞作苦，以供租賦，養妻子，其敦龐淳樸之行，豈惟工商不逮，亦非不肖士人所能及。」從此確立士農工商之尊卑順序。為了鼓勵務農，雍正還下詔要各州縣每年舉報勤勞儉樸的老農一人，給他八品頂戴。到國力最盛的乾隆年間，也不務工商活動，只「欲天下之民，使皆盡力南畝」。這和同時期西方由封建農業社會轉往工業社會之準備，正好形成鮮明對比。

清代票號和錢莊都很盛。票號起，大盛於咸豐之後，是山西人的勢力，主要經營範圍在長江以北。錢莊則是浙江人的勢力，主要經營範圍在長江流域，大本營在上海、漢口。票號、錢莊興起後，鏢局業就沒落了。辛亥革命爆發後，票號首先應對不了變局，紛紛因為週轉不靈而倒閉，錢莊支持的時間較久，到1930年代也終於走進歷史。

西洋文化與知識，到康熙年間還一直透過傳教士進入中國。1718年，康熙即用洋人測繪《皇輿全覽圖》。後來，因為天主教皇敕令中國信徒不准祭拜祖宗，康熙就下令把教皇派來的公使送到澳門監禁。到雍正元年，更徹底把所有洋人都送往澳門監禁。中國自此進入兩百年的閉關期。相對於西方這時方興未艾的知識革命，財富的創造觀念與方法，都開始越來越拉大差距。但是對於這種差距，要到鴉片戰爭時才能認知。

清朝的國力，從乾嘉年間之後，一路跌落。到鴉片戰爭的前後，已經殘破不堪。1839~1851年，基督教修士胡克（Evariste Huc）在全中國旅行傳教，觀察到中國民間的情況是這樣的：「天朝中所見到災難性的赤貧，在任何其他國家是絕無僅有的。有大量的人因飢餓而死亡；而吃了一餐不知道下一餐在哪裡的人更不計其數。……男人、女孩、小孩，成群結隊地走過城裡、鄉間，只為了尋找一點點的糧食與營養。很多人在路邊昏倒，在還來不及到達下一個地方，找到幫助前，就這麼死去了。田野中、道路旁，經常看到死屍橫陳，來往的人並不多看一眼，因為這現象太普遍了。」

1639　徐光啓編撰《農政全書》，為中國現存最大的一部古農書。
1637　宋應星編撰的《天工開物》刊行，為中國第一部綜合介紹工業、農業技術的專書。
1626　王徵編成《新製諸器圖說》，為中國第一部較有條理的機械工程專著。
1624　荷蘭人登陸台灣，1661為鄭成功所逐。
1603　徐光啓和利瑪竇開始合譯希臘數學家歐幾里得所著的《幾何原本》前6卷，為中國最早翻譯出版的西方數學專著。四年後譯成。

1718　中國最早用新法測繪的中國地圖《皇輿全覽圖》，歷時十年而成。

1796　乾隆死後六天，寵臣和珅被抄家。

1842　南京條約，開「五口通商」。
1840　鴉片戰爭。

清

1700

1800

十七世紀　歐洲流行戴假髮。
十七世紀初　歐洲引進茶葉。
1619　第一批奴抵達美國。
1637　笛卡兒：「我思故我在。」
1651　霍布斯：《利維坦》。
1661~1670　路易十四建凡爾賽宮。
1687　牛頓提出力學三原理。
1689　英國國會通過《權利法案》。

1700　歐洲開始流行抽水馬桶。
1710　英國頒布最早的著作權法（copyright law）。
1748　孟德斯鳩發表《論法的精神》。
1752　富蘭克林進行風箏實驗，發現電。

1762　盧梭發表《社約論》。
1767　紡織工業家艾克萊（Richard Arkwright）建立現代廠房的基礎系統，進而促進工業革命的社會與經濟變化。
1769　瓦特大幅改良蒸氣機，為工業革命揭開序幕。
1776　亞當‧斯密發表《國富論》，倡導自由貿易主義。同年，美國獨立。

財富對西班牙是禍福相隨。財富導致通貨膨脹，不過一百年，黃金和白銀在歐洲的價值就只剩以前的三分之一左右了。另外也導致奢侈與浪費，舉國皆然。西班牙的貴族自視為世界的征服者，生活中只存在著刀劍、戰爭與戰利品，不屑為世俗事務與商業活動煩心。
由於全國只事消費，不事生產，所以財富都被歐洲各國賺走。西班牙國王也不知錯，不斷舉債，仰賴義大利、德國和荷蘭的銀行家鼻息。1575年，國王腓力二世拒絕遺債，導致次年安特衛普造反。西班牙人也發展出巴洛克與洛可可時代強調以黃金為裝飾的窮極奢華的風格。

英國以低廉的勞力，發展出強勁的競爭力，到十五世紀時，英國大約有一半以上毛料是由農村製造出來的。而到十六世紀的時候，更從羊毛的原料生產，轉為歐洲主要的工業國家。英國王室不願向商人借貸，以免王權受損。但是後來反而成為商業最發達的國家。
十八世紀英國的兩大所得：一，工業革命。二，美洲殖民地開始回收。

18世紀末葉，工業革命發端於英國之後，歐洲各國心恐落後，紛紛急起直追，設立各種技術學院，透過有系統的教育，而不是個人經驗的傳遞來推廣知識，揭開了知識經濟的序幕。歐陸建立的學校系統不但成為推廣技術，還成了產生新技術的基地。從此，抽象的知識，實用的技術，經濟與財富的動力，三者之間交相激盪前進。

1688年，英國光榮革命後，英格蘭銀行誕生，是全世界第一個中央銀行的起源。拿破崙戰敗，歐洲發生金融危機，1844年英國國會通過一個法案，特許英格蘭銀行發行一種銀行券，但是英格蘭銀行需要確保必要的時候可以自己發行的銀行券兌現為黃金。英國的金本位制陪伴她成為十九世紀全世界最富強的國家，一直到進入二十世紀，一次大戰結束之後才瓦解。
在金本位貨幣制之下，歐洲列強為了有充份的黃金支持本位貨幣，再度展開對全世界進一步的殖民地開拓與掠奪。從非洲、澳洲、中東、印度，到中國，都成為十九世紀歐洲各國榨取財源的標的。

進入十七世紀，西班牙因為和天主教同一陣線，和北方的低地國家開戰。受到意識形態所限的西班牙，開始走入沒落。反而是荷蘭以喀爾文教派為主的新教教徒崛起。展開荷蘭的世紀。

1868年，容閎向朝廷條陳四點振興大計：一，組織中國合資汽船公司；二，選派青少年赴美留學；三，開礦產、修鐵路；四，禁止教會干涉人民涉訟。四年後，1872年，清廷選派第一批留學生出國；1873年，上海設招商局，與洋行抗衡。

盛宣懷是清末重要的紅頂商人。他配合李鴻章而做的事情有：一，招商局之成立。他有鑑於「中國官商久不聯絡，在官莫顧商情，在商莫籌計」。夫籌國計必先顧商情」，提出官督商辦的構想（官方也入股，加以監督和指導）。二，1879年成立中國第一個電報局。三，1896年從張之洞手裡接辦漢陽鐵廠。三，1897年策劃開辦了中國第一個商務銀行——通商銀行。四，任全國鐵路總公司的督辦。1911年，盛宣懷策劃「鐵路收回國有」辦法，引發保路風潮，終致辛亥革命爆發。盛宣懷先遭朝廷「著即革職，永不敘用」的處分，後遭新成立的國民政府抄沒家產，寫盡近世中國商人與政治力量結合的無奈。

1876年，怡和洋行在蘇州河邊建中國第一條鐵路——吳淞鐵路，離世界第一條鐵路之誕生相差46年。但建好之後，反對聲音高漲，認為鐵路會破壞風水，驚動祖靈，招致旱澇之災，於是由盛宣懷負責出面，向英方買下之後再拆掉。12年後，1888年，李鴻章在皇宮裡建了一條1500公尺的小鐵，讓慈禧太后和皇親國戚開了眼界，才得以真正修建鐵路。

1896年梁啟超所見的中國：「河北諸省，歲雖中收，猶道殣相望。京師一冬，死者千計。……濱海小民，無所得食，逃至南洋美洲諸地，鬻身為奴，猶被驅逐，喪斧以歸。馴者轉於溝壑，黠者流為盜賊。……官制不善，習非所用，用非所習……非攘營奔競，不能圖飢，……非貪污惡鄙，無以自給。」

1935年，國民政府放棄銀本位制，改發紙幣根據信用發行之貨幣——法幣。因為戰亂中法幣貶值過鉅，所以1948年以金圓券取代。原來規定一元銀幣折合二元金圓券，但是到1949年六月，在重慶黑市上最高可兌到二十五億元。金圓券的崩潰，和國民政府在大陸的敗退也有關係。

咸豐年間（1851～1861），「大清寶鈔」與「戶部官票」，在公文書裡並稱為「鈔票」，後來民間沿用，是今天「鈔票」一詞的由來。

1860、70年代，英國怡和洋行、太古洋行，美國旗昌洋行，擁有大規模船隊，主導中國的內河與沿海運輸。當時買辦階級是中國新興的富翁，代表性的人有怡和洋行的唐廷樞，寶順洋行的徐潤等人。

從十九世紀中葉到二十世紀，不論國家還是民間的財富都無法積存，最主要的原因就是不停的戰爭——外來的戰爭，內發的戰爭。

1862 清廷在北京設立同文館，翻譯出版西方著作。

1860 英法聯軍燒圓明園；中俄北京條約；新教士把近代機器印刷輸入中國。

1853 太平天國定都南京，1864亡。

1851 第一艘中國船抵達倫敦，參加大博覽會的外交船。

1879 開始有電報。
1875 建北洋艦隊。

1910 清政府頒布《著作權律》。
1900 義和團運動，八國聯軍攻入北京。
1898 戊戌變法失敗；嚴復譯《天演論》。
1896 清政府創辦郵政。
1894 甲午戰爭。次年馬關條約，康有為公車上書。

1949 國民黨新疆省銀行發行面額達60億元的鈔票。
1946 國共內戰開始。
1937 七七事變，南京大屠殺。
1919 五四運動。
1912 中華民國建立。

清

1850   **1900**

從1844到1913年間，英鎊始終是全世界最強，也最重要的貨幣。

1850年代，美國許多地方開始淘金熱。

1851年，倫敦舉行博覽會，之後，這個博覽會成為所謂的世界博覽會。

1859 達爾文出版《物種起源》。

1867 馬克思發表《資本論》，至1894年共發表三卷。

1876 貝爾申請電話專利。
1879 愛迪生發明電燈。
1885 自動販賣機出現於倫敦。
1888 艾德華‧貝拉密（Edward Bellamy）在一部烏托邦小說《往後看：2000年～1887年》（Looking Backward: 2000～1887）中，第一次提到未來所有人都會有一張「厚紙殼信用簽帳卡」的概念。

1895~1896 威林‧戴姆勒（Wilhelm Daimler）和卡爾‧朋馳（Karl Benz），發明內燃機與汽車的原型。
1895 美國政府因黃金不足，向J.P.摩根(Morgan)求助，摩根聯絡大西洋兩岸人士，救援成功。
1899 凡勃倫發表《有閒階級論》。

1901 卡內基把他的鋼鐵公司賣給J.P.摩根四億美元，成為「全世界最有錢的人」。
1903 萊特兄弟第一次飛行。
1905 愛因斯坦發表特殊相對論。
1907 貝克蘭（比利時人）發明塑膠。
1908 福特建立汽車生產線，開始推出T型車。
1911 洛克斐勒的標準石油公司，在反托辣斯法下被拆成34家公司。
1912 鐵達尼號沉沒。
1918 第一次世界大戰結束。
1924 華生成為TAC公司的新任總裁，將該公司改名為IBM。
1925 Telex開始使用於商業用途。
1920年代，全球性經濟蕭條，在全世界各地都引發極左與極右的政治運動，結果是造就許多獨裁者當權。
1928 紐約一家銀行提供小額貸款給工人階級，揭開消費者貸款的序幕。接下來在30年代為了刺激經濟從蕭條中復甦，銀行紛紛提供各種貸款方法。

19世紀下半開始，美國崛起，逐漸取代英國的地位。西班牙人經營南美洲，因為一再發現豐富的金礦，去的人都是富有冒險精神的「大征服者」，開拓美洲的角度就是短期內的投機。到美國殖民地的人，則正好相反。美國的經濟由小規模的農業開始，移民的人也都是以家庭為單位，正是長期耕耘的模式。但是因禍得福，後來不只美國的棉花、小麥等農產品本身成了財富，美國廣闊的天地，又發了各種各類技術與發明致富的機會。最重要的，是美國資源豐富，人力稀有的特質，引發了針對大眾以零組件生產的生產機制，這種機制不只啟發了諸如汽車生產機的出現，更為日後美國大量生產、大量消費的經濟體制定了種子。

十八世紀末的時候，艾姆斯契‧羅斯契德（Amschel Rothschild）就開始建立這個猶太大家族的財富。到1812年，艾姆斯契‧羅斯契德去世的時候，誰也不知道他們的實際財產規模到底有多大。1940年代的時候，一位研究者認為最起碼有當時全世界財富的一半。

1853，太平天國建都南京的那一年，美國軍艦打開日本鎖國政策，次年簽神奈川合約，開放兩個港口。接下來在西方各國的壓力下，明治政府也走上自強之路。14年後，1867年，日本開始明治維新。明治維新在極短時間內就為日本帶來改頭換面，不過30年時間，日本就成為亞洲最現代化的國家，1894年的甲午戰爭中，只是第一次驗收成果。明治維新也確立貿易立國的政策，並且也開始形成三菱、三井、住友、安田等財閥。

一次大戰結束後，凡爾賽合約要求德國支付一千兩百億馬克鉅額賠款。德國政府濫印鈔票加上物資短缺，物價以雲霄飛車的速度上漲。1921到1923年，不到兩年時間，一張郵票由二角馬克漲到5,000億馬克，一美元兌四馬克的匯率貶到一美元兌四兆六千億馬克。德國經濟崩潰，以及人民信心在其中感受到的徹底摧毀，是促使後來希特勒得以民族主義號召全民的主因。

進入十九世紀後半之後，因緣際會，上海成為財富夢想的實現地。上海不僅成就了各種行業的發展與人物，這些人物在1949年之後遷往香港與台灣，還給這兩個地區在日後的發展保留了實力與基礎。

香港的財富是在1970年代中期開始，不但因為房地產的起飛而開始進入高峰，也呈現全面由英資轉為華資的趨勢。由於時空背景的關係，香港財富的擁有者，也是往西方經濟體制轉型最早也最成功的地區。唐翔千、邵逸夫、董浩雲、包玉剛、霍英東、李嘉誠、郭鶴年、郭炳湘、鄭裕彤、何鴻燊等，都是耳熟能詳的富翁名字。

台灣的財富在1980年代開始展現起飛的力量，以1987年解嚴為分界，更以加速度推進。經濟型態由農業而工業而進入資訊經濟，國民所得也由1950年代的80美元而70年代的2000多美元而至2001年的高峰14,000美元。富翁類型也含括了從大陸來台到台灣本土和高科技產業等各種類型，鮑朝櫳、孫法民、殷之浩、徐有庠、辜振甫、蔡萬霖、王永慶、張榮發、施振榮、郭台銘、林百里、郭崇棠等名字，代表了不同時間與產業區隔裡的財富。

中國大陸自1980年中共人大批准經濟特區，同年大陸個體戶取得合法地位之後，開始新的財富實驗。到2001年，已經在富比士的全球富豪排行榜上，產生了一些新生的富翁。

民國期間，只有極少數人如宋子文、孔祥熙等代表新一代的紅頂商人與財富。

1954 大陸開始批判「資本階級唯心論」，同年對企業進行「資本主義工商業的社會主義改造」。
1952 大陸開始「三反五反」。
1951 台灣開始「耕者有其田」。
1950 《中華人民共和國土地改革法》公布。
1949 中華人民共和國成立。

1966 台灣開始設立加工出口區，同年，大陸開始文化大革命
1964 大陸開始「農業學大寨」運動，首爆原子彈。
1961 台灣通過獎勵投資條例細則。
1958 毛澤東讀＜張魯傳＞有感，大陸開始「大煉鋼、人民公社、大躍進」。

1979 台灣成立新竹科學園區，同年開放出國觀光
1977 大陸光明日報發表＜實踐是檢驗真理的唯一標準＞。
1973 台灣雲門舞集首次公演。
1972 台灣開始推廣家庭副業經濟。

2002 台灣開始樂透彩券。
1997 香港回歸中國，同年亞洲金融風暴。
1989 柏林圍牆倒塌。
1987 台灣解嚴，開放外匯管制，通過大陸探親辦法。
1980 中共人大批准經濟特區，大陸個體戶取得合法地位。

1950

2000

1933 希特勒專政開始；同年美國羅斯福實施「新政」。
1939 德軍攻波蘭，第二次世界大戰開始。
1945 第一顆原子彈8月6日投於廣島；日本無條件投降，同年，阿拉伯國家聯盟成立。
二次大戰後，馬歇爾計劃協助歐洲經濟復興。
1946 美國軍方開發出第一台全方位程式運作，全電子化的電腦ENIAC。

1950 韓戰爆發。大來卡（Diners Club）發行首張現代簽帳卡，起先是用厚紙板製造，後來改用塑膠製作。
1955 矽谷開始成立。
1957 歐洲經濟聯盟成立，同年蘇聯發射第一顆人造衛星。

1960 石油輸出國組織成立。
1964 東京奧運。
1965 新加坡共和國成立。
1968 人類登陸月球。
1971 自動提款機誕生。

1972 美國芝加哥開始了世界第一所貨幣交易市場。
1973 第一次石油危機。油元財富大盛。
1976 蘋果一號電腦問世。
1985 微軟推出Windows1.0。
1992 地球高峰會議在巴西舉行。
1995 網際網路開始蔚為風潮。

2000 DNA密碼被破解。
2002 歐元誕生；第一個複製人將在希臘誕生。

二次大戰結束後，美國成為全球經濟的新龍頭。

日本在二次大戰結束後，財閥遭到解散。韓戰的爆發，給日本經濟帶來復甦的機會，到1964年東京奧運，更開始全面起飛。由四個財閥在幕後主導的九大商社，以海運加貿易在全世界各地拓展財富。1980年代，日本的房地產熱潮與股票熱相互襯托，進一步提高了財富的高峰，以堤義明等人為代表，日本人不但佔據了世界的首富之位，也開始「購買美國」。日本的財富泡沫，從進入1990年代起一路破滅。

1960年代起，銀行開始了電子業務。1970年代起，電子轉帳薪資的方式開始普及。

1990年代起，先是電腦，後來網路相關產業，造成新的財富循環。

歷經越戰以及1980年代的低潮之後，1990年代起，美國借助新的科技與金融市場的力量，重新創造一波財富高峰，全世界的股市也隨之加熱，一直到2000年網路價值暫時攔淺才告一段落。

OKWAP i66

空中書城

隨時 隨地 隨心閱讀

透過OKWAP i66通往「空中書城」，
只要輕按一個小鍵，
您即刻進入一個美好的私密空間，
享受品味的閱讀樂趣。

・一萬冊以上優質電子書供下載
・五十種以上暢銷雜誌讓您隨身帶著走
・精采有趣的漫畫、動畫
・實用的名家簡訊例句文庫
・文章分類簡明，即時更新

Part II
學習地圖

在新的起點上，
尋找一個
新的財富終點

從「富翁」、「非富翁」到「新富翁」

文／沈雲驄

　　如果說，「富翁」是在財富追尋路上已經抵達終點、實現理想的人，富翁正需要新的定義。因為，財富取得的方法在改變，成為富翁的指標在改變，富翁的角色也在改變。重新定義富翁，除了能讓我們認識新世紀的財富真相，也能幫助我們在新時代學習成為一個富翁。

財富取得的方法在如何改變？

　　財富究竟怎麼來？歷史學家與經濟學家分別提供了不同的答案。

　　歷史學家基本上認為，時勢造英雄，什麼時代就會出什麼樣的富翁。重大的地理發現、科技發明、戰爭與瘟疫，背後都牽動著人類財富的創造與流失。舉例來說，無論是麥哲倫繞過好望角打開歐洲與遠東的通路，或是美洲「新大陸」的發現與佔領，借用經濟史家索柏（Robert Sobel）的話來說，初衷「從來就不是為了純知識的追求，也不是為了享受發現的快感」，而是為了追求致富機會；另外如蒸汽機、棉紡機、電燈泡、電腦等科技的出現，幾乎都在不同程度上改寫人類的財富分配。

　　凱普勒（Michael Klepper）和甘瑟（Robert Gunther）根據《富比士》億萬富翁排行榜調查結果分析後指出，不同時代的富翁，財富來源有明顯差別。在1800年以前出生、名列《富比士》排行榜的富翁當中，有31.3%是靠土地致富，21.9%靠船運，換句話說，十九世紀之前的美國，有一半以上的富翁是靠這兩門生意發財；而如果富豪們的出生時間是在1800至1850年之間，則有一半以上是靠採礦（30.2%）、鐵

路（16%）與石油（7.5%）致富；到了二十世紀，也就是1900年以後出生的富豪，主要的財富則是來自電腦軟體（25%）、通訊（16.7%）、金融（16.7%）和直銷（16.7%）。至於進入二十一世紀的現代，趨勢分析家們則預言著生化科技、通訊與網路產業，將是未來創造財富的天堂。從歷史的角度來看，財富的產生和時代背景有著明顯而密切的關聯。

　　經濟學家對於富翁財富來源的解釋則比較簡單。亞當・斯密（Adam Smith）於1776年的經典名著《國富論》中，精簡扼要地總結出財富累積的基本原理：「資本因節儉而增加，因浪費和錯誤運用而減少。」任何個人與國家倘若「浪費」與「錯誤運用」資本（例如用在「消費性」支出），必將無法累積財富，相反的，若能力行節儉，將取得的資本存下來作「正確的用途」（例如投入「生產性」活動），便可讓資本產生累積的效果。舉例來說，當一個國家的政府與人民把財富用在發動戰爭、對抗不斷惡化的疾病，或是供給統治者奢華揮霍，財富便會持續流失；而若是把財富投入生產性的活動如研發、建設等，則能有效地創造更多財富。

古代中國用青銅來鑄幣（下圖），古埃及則以黃銅為主要交易貨幣。至於黃金，埃及人主要用來當陪葬的物品。上圖為埃及圖坦卡門皇陵。

熊宜敬／提供

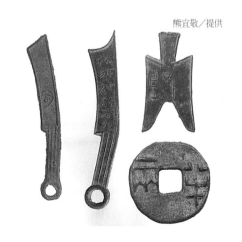

　　不過，看在一般人眼中，歷史學家所說的「時勢」以及經濟學家所提出的「原理」，似乎總無法在造就富翁的同時消滅貧窮，全球幾乎每個角落，如今都存在著令人憂心的貧富差距問題。富國與窮國之間、富人與窮人之間，財富水準的距離越拉越遠。根據聯合國一項研究報告顯示，2001年全球最有錢的500多位富豪名下財富總和，已經比全球一半人口的年收入總和還要多。當媒體競相報導新科技如何造就新富豪，目前卻有90個國家、高達16億人口的經濟處境比十年前還不如。即使是富有的美國，國內貧富差距的拉大也極為驚人。有研究者就指出：經濟成長的好處，並沒有讓所有人雨露均霑。

　　財富光譜兩個極端的差距固然在拉大，歷來同情窮人的學者與研究者也一再對富翁大加撻伐，但如今

錢幣

西方最早的錢幣，出現在公元前第七世紀，特洛伊城附近的利地亞（Lydia）王國。利地亞人富裕到以象牙與大理石來裝飾墓地，這個王國的克魯瑟斯王(Croesus)也成了財富的代名詞（請參見第51頁）。娼館和骰子也起源於利地亞。下圖是克魯瑟斯王在向希臘哲人梭倫（Solon）誇耀他的財富。公元前546年，利地亞和波斯交戰戰敗，被居魯士所滅。後來利地亞的造幣及商業活動傳統，轉移到希臘，希臘因而創造出一個高度理性的商業文明。

Corbis

似乎都難以在社會上激起太大的情緒漣漪，更無法如過去數世紀來在全世界掀起一場又一場激烈的階級衝突。原因當然很多，最重要的是在經濟成長之後，人們對「富有」與「貧窮」的階級感受，出現了明顯的轉變。

非富翁的心理狀態

今天「富翁」最主要的相對階級，不再只是「窮人」，而是「非富翁」。「非富翁」不一定是窮人，因為還包括了財富光譜中段廣大的「中產階級」。無論在先進國家或相對貧窮的開發中國家，「中產階級」都快速增加。在美國，目前中產階級約佔總人口的60％，在中國，雖然中產階級佔總人口的比率在2001年約只有15％，但也已經高達1億1千萬人，經濟學家估計到了公元2005年，還會增加至2億人。如果說窮人是從仰角90度的位置看富翁，非富翁看富翁的角度，則遍布於0度（平視）到90度（仰視）之間的所有角度。視角相異，視野感受自然也不同。

相較於那些以「仰視」角度看財富的「窮人」，非富翁的財富觀有許多明顯的特點。特點之一，多元。非富翁們期待獲得金錢財富，卻無法只滿足於金錢財富。如果說，能讓人感到滿足與快樂的事物都叫做「財富」，而「擁有財富」的感覺叫做「富裕」，那麼顯然在金錢之外，還有更多能讓非富翁感到「富裕」的其他「財富」，包括愛情、友情、美麗、尊嚴、健康等等。和金錢一樣，這些無形的「財富」同樣令他們感到「富裕」。

特點之二，務實。經濟活動轉型、教育程度提高、國民所得增加等，除了讓非富翁對於財富有了更多元的思考，也讓他們更為務實地看待財富。其中，最關鍵的一項因素是「富翁活動平民化」的現象日益普及。過去，貧富之間的階級壁壘分明，貴族與平民不能通婚，有錢階級的私人俱樂部裡禁止窮人進入，中產階級社區不准勞工進駐，就算在同一艘

不論中國還是西方，鹽都曾經代表了財富。中國的鹽政一直是國家的財政命脈。現代英語中的Salary（薪餉），也源自拉丁字Salrius，鹽質的意思。據說羅馬帝國的士兵就曾領過鹽當薪餉，或是說領餉的目的就是為了買食鹽。上圖是《天工開物》裡所描繪的種鹽之法。

劫掠

劫掠，一向是追求財富過程中很便利的一個手段。十五世紀哥倫布發現新大陸之後，西班牙人對美洲的淘金熱，是這種劫掠的顛峰代表。他們帶著美洲原住民沒有看過的劍，沒有看過的馬，找到黃金後就展開不忍卒睹的虐殺。屠殺加上西班牙人帶來的流行性感冒等細菌，使得加勒比海一些部落幾乎滅種，墨西哥的人口則在一百年間減少了百分之九十，由2,500萬人到只剩下一兩百萬人的局面。右圖是西班牙人在墨西哥阿茲特克王國殺戮之後，接受投降。

Corbis

船上，貴族（富）與平民（窮）也硬是得用甲板分出身分高低，窮人只能在遙遠的距離之外，仰頭嚮往富翁世界裡的一切。然而，今天各種階級界線都已經模糊，非富翁（包括窮人）如今也能以最小的代價，親身參與各種富翁的活動，一窺富翁世界的堂奧。舉例來說，不少過去屬於「富翁級」價格的商品與服務，如今也出現了平民化的價格，例如汽車業的朋馳與寶馬，時裝界的勞夫·羅倫（Ralph Lauren）和珠寶界的第凡內（Tiffany），都紛紛推出所謂的「低價高級品」以求擴大客層。

美國暢銷書《Gonzo Marketing》中有一小段故事，非常有代表性。該書作者、也是管理顧問的洛克（Christopher Locke）到倫敦出差，接受大型企業款待時，總是有大禮車接送、住在豪華大飯店高樓層視野極佳的最高級套房，享受各種最高級的服務，但是當任務結束，告別大禮車之後，他還是得搭火車、公車，回到現實生活。「一切都在高處，我愛死了，」洛克在書中談到這樣的出差經驗時說：「不過，還是回到平地上看倫敦比較好。」這種「到過高處之後回到平地」的經歷，相當程度代表了今天的「非富翁」與過去的「窮人」之間最大的差別，也在那些到過「富翁

西班牙人固然因為找到黃金、發現銀礦而成為歐洲最富有的國家，不過荷蘭人懂得黃雀在後，專挑滿載而歸的西班牙船艦打劫。上圖是西班牙沉船上的銀幣。

世界」的非富翁身上產生了強烈的衝擊。對於有錢人的世界「不過如此」的失望，加上富翁級享受與眞實生活之間巨大落差所帶來的失落，都讓非富翁不再對富翁生活有太多不切實際的想像，對於金錢財富的重視程度以及成爲富翁的渴望，自然也就「務實」許多。

「非富翁」財富觀的另一個特點，是矛盾。一方面，他們渴望能學會富翁致富的方法，取得龐大財富來實現心中的願望及慾望，或者至少能如富翁般，免於物質與金錢匱乏的不安；另一方面，對於要眞的成爲「富翁」，卻戒愼恐懼。簡單說，「非富翁」不甘犧牲追求財富過程中所必須付出的代價，更不願面對成爲富翁之後的各種限制（如安全、隱私的威脅等等）。

不過，也不要將非富翁對財富態度的多元化，以及他們成爲富翁意願的減弱，等同於非富翁不想或不需要學習取得金錢財富。非富翁就算不見得願意成爲富翁，卻依舊期待能擺脫對「貧窮的恐懼」。以非

奴隸

奴隸也從很早就成為財富的象徵。但從公元第二世紀開始，隨著羅馬帝國的衰敗，奴隸在歐洲逐漸消失，改成由佃農發展而來的「農奴」（serf）制度。第九世紀的時候，阿拉伯人使用非洲的奴隸在地中海種植甘蔗，等十字軍東征時，發現了甘蔗，也發現了黑人奴隸，就有了新的啟發。十五世紀末，葡萄牙人在非洲甘比亞附近的綠角群島，利用黑奴大批種植甘蔗，開始了歐洲人不久之後在美洲新大陸的黑奴貿易，以及甘蔗種植的先聲。下圖是奴隸船上一批奴隸的銅版畫。

Corbis

富翁中爲數眾多的中產階級來說，當他們自認爲「中產階級」，除了代表著對自己生活水準與品質的滿意，其實同時也暗示著自己有較高的生活支出；這些非富翁雖然意識到自己具備取得財富的機會，但面對生活中的財務壓力，以及變化速度越來越快的經濟環境和花樣日新月異的投資工具，卻也感到疑慮不已。他們享受財富的機會，卻也爲機會所苦。

表面上，非富翁雖然和富翁一樣，可以自由投資股市、共同基金、期貨等工具，也似乎都能在開放的市場中得到來自投資與理財專家所提供的各種致富建議，實際上，大多數非富翁對於這些工具不是完全陌生，就是只懂得皮毛（大多時候還會不懂裝懂）。自由主義與資本主義雖然賦予所有富翁與非富翁們同等的經濟自主權，實際上卻大大提高非富翁的不安全感，因爲獲取更大財富的機會並沒有眞正落到他們身上，而是轉交給了懂得解讀環境、規劃避險、利用投資工具與破解資訊眞相的富翁。

也就是說，對財富有著多元期待的「非富翁」，如今雖然不再向「富翁」盲目膜拜，但仍然會努力在新的環境裡，基於新的財富觀，在新的工具與方法中，尋找新的財富終點，學習成爲「新富翁」。

接下來，黑奴和甘蔗、茶葉、菸草、棉花等新的財富產品密不可分。上圖是十九世紀一些棉花商人的繪畫。

新富翁的六條路

就致富的方法而言，希望成爲新富翁的人會發現：人類致富的路途雖然越來越多元，但基本上並沒有太大的改變。無論是公元前3000年的古文明，或是今天的資訊時代，致富的途徑大多不離下列六種。

第一種，也是最爲人所知的，是經商。人們最喜歡爲這種富翁算財富，而且樂此不疲地每年更新。最有名的是美國的《富比士》和《財星》雜誌，每年都會自掏腰包爲富豪們計算腰包裡的斤兩。這種富豪又可分爲兩類，第一類，也是最令人敬佩的一種富翁，是白手起家的創業者，例如王永慶、施振榮、亨利・福特、松下幸之助、李嘉誠、郭鶴年等。他們的致富方法，通常是先籌（存）一筆錢，雇用一群人，組成一家公司，生產與販賣某種產品或服務，然後將賺來的錢雇用更多人，組成更多公司，生產與

知識

知識經濟的時代，並不是從網路發展之後開始的。十八世紀末葉，工業革命發端於英國之後，歐洲各國心恐落後，紛紛急起直追，設立各種技術學院，透過有系統的教育，而不是個人經驗的傳遞來推廣知識，揭開了知識經濟的序幕。從此，抽象的知識，實用的技術，經濟與財富的動力，三者之間交相激盪前進。法國當時創建了一系列以艾科爾(Ecole)為名的各種技術學院，下圖是他們的醫藥學院。德國更青出於藍而勝於藍，以優秀的教育體系建立了全世界（包括英國）所艷羨的模範。

Corbis

販賣更多產品或服務，賺更多的錢。另一類則是所謂的「專業經理人」，這種人有時會和前者一起集資創業，有時則是從創業者手中接下經營重擔，成功之後藉由高薪、分紅、配股而躋身富豪之列，美國奇異公司前總裁威爾許、惠普總裁菲奧莉娜，便是這種富翁的典型代表人物。論年齡，這些人當中有壯年致富的李嘉誠，也有大學時代創業、28歲就登上美國億萬富翁排行榜的戴爾；論行業，這種人多到無法歸類，當中有的是石油商人，有些是科技公司老闆，還有無數的房地產掮客、土地開發商、銀行創辦人、貿易商、製造業鉅子、航運業龍頭。總之，經商的世界中，行行出富翁。

第二種成為富翁的方法，不靠經營實業，而是透過投資。這種人，稍微多看兩本理財書的人，多少能叫出幾個名字，巴菲特、索羅斯、彼得‧林區（Peter Lynch），都是其中佼佼者。這種人的特點，是透過精確的市場分析，把錢放到賺錢速度最快的投資工具上。如果你在1965年，把10,000美金交給巴菲特，到了2000年，你將成為坐擁5,100萬美金、名副其實的大富豪。錯過了那一年？沒關係，假如你在1978年買了彼得‧林區接手操盤的「麥哲倫基金」，1990年林區退休時賣出，1萬美元也會變成700萬美元。

第三種致富的途徑，不創業也不投資，而是憑恃專業知識和技能。這可能是所有富翁當中最有趣，也最能產生勵志效果的一群人。足以致富的技能幾乎包羅萬象，無論是運動、影藝、發明、寫作，都有機會實現「knowledge is money」的想像。在運動界，球場上蹦蹦跳跳的美國職業運動員，年收入動輒百萬美元；在演藝界，英國著名歌手保羅‧麥卡尼（Paul McCartney）憑著音樂才華躋身英國最有錢階級，好萊塢第一線演員如湯姆‧克魯斯、麥克‧道格拉斯，演一部片的酬勞開價總在2,000萬美元之上（假如你的月薪是新台幣5萬元，你必須連續工作1億3,200

工業革命之後，日本在東方最懂得善加利用知識來創造財富，到1980年代，甚至終於以財富而傲視全球。上圖是明治維新時候迎接西方文化的日本。

萬個月，才能賺到這個金額，如果一輩子等於80年，那相當於你輪迴137,500輩子的收入）；在發明方面，許多發明家或許未必如同他們的發明那樣有名，卻也是重要的富翁一族，例如發明燈泡的愛迪生，發明俄羅斯方塊的魯比克（Erno Rubik，他很可能是東歐國家第一位百萬富翁），發明新時代交通工具Segway的迪恩‧凱門（Dean Kamen）等，他們在造福人群的同時，也築起自己的財富；此外，還有無數

泡沫

人類越會追求財富，也就越容易受到貪婪之害。密西西比公司，和荷蘭的鬱金香熱，以及南海公司的故事，都說明了人類在追求財富的路上，可以如何受到貪婪的蒙蔽。右圖是1720年密西西比公司財富泡沫破掉時，巴黎的情景。

Corbis

傑出的律師、醫生、會計師、工程師、財務顧問等專業人士，都在專業知識和身分的襯托下以「高於正常的速度」累積財富。

第四種致富的途徑，則是得祖上積德，靠著先人遺產或配偶財產發達。因祖產致富的富豪，在任何社會中都舉足輕重，例如台灣的辜振甫家族、中國的榮毅仁家族，以及如今逐一躍上舞台的企業家第二代等。至於因嫁娶而躍身豪門的富翁，無論是已故英國王妃戴安娜，或因娶了一位富孀而名列富翁的美國國父華盛頓，應該都算是祖上有餘蔭的「好命人」。根據統計，全球最有錢的400位億萬富翁當中，有四成左右都是靠著繼承遺產而來，例如美國著名的連鎖商店「威名百貨」（Wal-mart）創辦人華頓（Sam Walton）去世之後，所留下的遺產就足以讓他的遺孀與子女幾乎全部成了億萬富翁。

台灣也在兩百六十多年後，以各種吸金公司的戲碼再度上演了一遍這個人類的老把戲。

在上述四種方法之外，還有兩種致富的途徑也經常有人前仆後繼地投入。一種，是寄望於橫財。或許是因為這種投機型的致富手段並不足取，所以經常為研究者所忽略，史上更鮮少追蹤。然而不論是買樂透掄元，還是在投機市場中押對寶，都可能帶來龐大財富。例如在十九世紀的美國，淘金熱就讓不少人致富；樂透出現之後的台灣，每週都有少則三、五人、多則十餘位「新的」富翁誕生（這樣下去每年可以為台灣增加近百名新富翁）。不過，美國有研究顯示，這種因橫財致富的人未必值得羨慕，因為他們當中有許多人在中獎之後比中獎之前更不快樂，而且有相當高的比例，在中獎七年內就把財富揮霍殆盡，就像十九世紀那些淘金熱的幸運兒，大多來得及在生前再親眼目睹自己回到一文不名之地。

另一種，則是經由「從政」取得財富。雖然從政的原始動機未必是追求財富，但財富經常伴隨政治權力而來。例如中世紀之前的神職人員，封建時期的帝王將相，乃至於近代西方民主國家的從政者、開發中國家的腐敗高層政客，多是社會上的富翁一族。他們靠著政治地位取得經濟資源，然後再利用經濟優勢，鞏固他們的政治版圖。在美國，合法的政治捐獻和優渥的待遇，讓華府的議員們個個躋身全美最富有的1%人口；在菲律賓，違法的官商勾結讓前總統馬可仕中飽私囊高達數十億美元；在老牌君主立憲

能源

工業革命之後，產能的擴張，進一步促使提供產能動力的能源，成了新的財富代表。石油和電力的能源，最早結合新出現的鐵路與汽車等新型態運輸與交通的載具，後來則全面成為各種財富的推進力量。能源，是二十世紀財富的象徵。下圖為十九世紀末美國一處開採出的油井。

Corbis

國家如英國、日本、汶萊、摩洛哥，皇室威權儘管遠不如過去，王族成員卻依然享受著榮華富貴；在無數新興的民主國家如台灣、南韓、墨西哥，曖昧不明的法令和難以監督的官僚黑洞，則是讓「有辦法」的官員和民意代表們擁有大筆的財富。

上面這六條路中，新富翁在選擇適合自己走的路途時，除了考慮自己的條件與特長之外，不應該忘了霍布斯邦在《資本的年代》中所提出的名句——「在道義上以令人滿意的方式去賺錢與花錢。」

新富翁的兩個定律

選對路途之外，新富翁要想成功還必須和歷史上的富翁一樣，執行下列兩條「致富定律」。

定律之一是：富翁的收入必然大於支出。且慢對這條定律嗤之以鼻。很多人期待成為富翁的理由之一，是想嚐一嚐揮金如土的滋味，但如果真正進入富翁的世界，卻可輕易發現成功的富翁，很少揮金如土。相反的，他們往往有「視土如金」的傾向。美國研究者史丹利（Thomas Stanley）和丹寇（William Danko）曾經針對美國身價超過百萬美元的富翁，完成一項有趣的調查。他們發現，「高收入」的人不必然會成為富翁，真正的富豪通常

與石油登場同時，發明展現了財富的力量。愛迪生固然以他的諸多發明而成為富翁，亨利·福特，就更以他的汽車裝配線創造出鉅富。今天電腦業的許多車庫發明家，都可溯源到福特身上。上圖是亨利·福特（左）和好朋友愛迪生（中）、發明燧石輪胎的法爾史東（Harvey Firestone）一起的合照。

是那些「低支出」的人。這些被史丹利和丹寇調查的富翁們很少換屋、很少買新車、很少亂買股票，而他們致富的最重要原因，就是「長時間內的收入大於支出」。

這個結論看來再簡單不過，卻是區隔富翁和窮人最重要的基本界線，任何人違背這條鐵律，就算收入再高、財富再傲人，也遲早摔出富翁的國界。任由門下三千食客坐吃山空的孟嘗君、揮霍誤國的慈禧太后、胡亂投資的馬克吐溫，還有無數曾經名利雙收卻揮霍爛賭亂投資的知名演員歌手，都是在一再違背「收入必須高於支出」的鐵律之後，千金散盡。更妙的是：一旦順應了這條鐵律，散去家財的富翁，

趨勢

電，是1890年代最時髦的「產品」。
右圖是當時巴黎婦女隨身以電為裝飾
的時髦打扮。愛迪生在1879年發明電
燈，然後在1900年的巴黎博覽會上大
放異彩。然而當時最狂想的極限，也
難以預測到電在後來一百年間給人類
活動內容帶來的改變，一如1950年代
電腦登場，1960年代網路誕生之後，
沒有人能想像未來一百年財富載體與
方向的改變。

Corbis

也可東山再起，例如美國地產大王川普等一度幾近一文不名的大富豪，如今都再度悠遊於富翁的國度。

富翁定律之二則是：富翁的財富必然來自財富。很多人都知道「以錢滾錢，利上加利」的道理，卻沒有多少人能體會它的威力。先別以為「以錢滾錢」需要高超的投資技巧和眼光，更別以為所有富翁都很會這一套，因為就算最不會理財的富翁，財富累積的速度也遠遠超過窮人的想像。舉例來說，在台灣一個擁有1,000萬元存款的小富翁，只要把錢以年息4%放定存，一年光是利息收入就有40萬元，月薪3萬元的小上班族，就算不吃不喝辛勤工作一整年，也存不足這個金額。這還只是最不會賺錢的富翁，倘若和巴菲特一樣，把錢用來投資每年平均報酬率為30%的工具，幾乎每隔三年存款就會增加一倍，富者愈富，一般人更是望塵莫及。

換句話說，要成為「有錢人」的第一步，就是得先「有錢」。這句話聽起來矛盾，卻指出了窮人最難下嚥的事實：假如你對於增加收入束手無策，假如你明知道收入有限卻任由支出增加，假如你不能從收入和支出之間擠出儲

進入二十一世紀，除了電腦與網路，許多新的財富載體正在發展之中，例如生化科技。上圖為台灣一家企業的研究人員利用基因改造技術製造螢光效果的熱帶魚。

蓄並且持續拉大收入與支出的距離，你成為富翁的機會微乎其微。

對於所有在新的世紀起點上尋找財富的人而言，歷史與現世的富翁雖多少帶來政治、社會與經濟問題，但已不再是值得以革命為代價去「對付」的階級；富翁的財富縱令人嚮往，也不再是高高在上令眾生膜拜的完美境界。儘管，在金錢財富之外，人們有了更多元的財富需求，而且無論是追求金錢或精神財富，都有更多的工具與方法可供選擇，但是正如《美國百大富豪》（The Wealthy 100）的作者Klepper和Gunther的心得歸納：致富「唯一的規則，就是沒有規則」，任何人要實現理想抵達終點，也還是得費一番苦心，新富翁的境界令人雀躍，卻並非不需代價。你的終點要落在哪裡、要如何抵達？還是得由你自己決定。 ■

本文作者為早安財經出版公司總編輯。

多有錢才算富翁？

● 今天全球60億人口中，到底要多有錢才能算富翁？各國經濟條件不同、生活水平相異，要找出能放諸四海的富翁定義，其實沒想像中容易。若以財富金額的多寡來界定，富翁可以分為兩種：「絕對富翁」（absolute riches）和「相對富翁」（relative riches）。

● 所謂「絕對富翁」，就是財富到達一定的水準、不管在哪個國家都足以被稱為富翁的人。美國學者將世界上「絕對富翁」分為五等，第一等富翁是資產淨值超過10億美元的「億萬富翁」（billionaires）；第二等是身家超過3,000萬美元的「極高淨值者」（ultra-high-net-worth）；第三等是身價介於500萬至3,000萬美元的「超高淨值者」（super-high-net-worth）；第四等是資產在100萬至500萬美元的「高淨值者」（high-net-worth）；第五等的富翁涵蓋範圍則較廣，包括所有「可投資資產」（investable assets，不包含名下自用的不動產價值）介於10萬至50萬美元之間（約新台幣350萬至1,750萬）的「非常富裕者」（mass affluent）。基本上，任何人的財富達到上述任何一種標準，在任何國家——包括全球平均國民所得最高的瑞士、日本或美國——都能以富翁自居。

● 不過，在有些國家或地區，人們並不需要有上述程度的財富才能成為富翁。世界上有許多人的財富可能遠遠落在「第五等」的標準之下，但還是顯得富有，這種人，就是所謂的「相對富翁」。「相對富翁」並沒有絕對的財富門檻，他們是否被稱為富翁、是否自視為富翁，會根據他們所處的社群整體財富的水平而定。例如在平均年國民所得只有110美元的剛果共和國，1萬美元（約新台幣35萬元）就已經相當於許多人工作近100年的收入；在平均年國民所得為210美元的馬拉威和310美元的越南，一般人若擁有個3、5萬美元，也可以好整以暇地過著富裕的日子。在台灣，雖然《網路與書》的調查發現，多數人認為必須有超過1億新台幣（約280萬美元），才能算是富翁，但也有人認為，擁有新台幣500萬元（約14萬美元）的財產，就足以被稱為富翁。

全世界有多少百萬富翁？

● 美林證券（Merrill Lynch）和Cap Gemini Ernst & Young共同完成的「2001年世界財富報告」（World Wealth Report 2001）指出，2000年全球共有720萬人可以被列為「高淨值個人」（high-net-worth-individuals），也就是「可投資資產」超過100萬美元的百萬富翁。這個數字，比起1999年成長了2.9%，以人數來說則是增加了18萬人。要不是2000年3月之後全球股市全面崩盤，世界上身價百萬美元的富翁還會增加8萬人。如果把這些人的財富加起來，總金額高達27兆美元，相當於新台幣950兆。這個數字，除了足以幫台灣政府償還所有債務，還可以在不發行彩券、沒有任何稅收等各種收入的情況下，花上至少300年。

● 根據《富比士》雜誌每年定期進行的調查，2002年全球共有497位億萬富翁。和前一年的538位相較，少了41人。2002年入榜的億萬富翁當中，有28人是新面孔，有12人是曾經落到榜外如今又重新登上排行榜的富翁。

●《富比士》雜誌指出，這些富豪平均每個人的資產總值高達31億美元（約1,085億新台幣），其中排名第一的美國微軟公司總裁比爾‧蓋茲（Bill Gates），財產更高達52.8億美元，將近1,900億新台幣。假設蓋茲從現在開始退休，在沒有任何收入（包括利息）的情況下活到100歲，他得每天「至少」花掉1,000萬元新台幣，才能在死前把財富散盡。

●擁有最多億萬富翁的國家是美國，共有243人。不過，富翁平均淨值最高的國家則是瑞典，高達66億美元。整體而言，這497名億萬富豪當中，有25位今年不到40歲；有35位是女性；有15位還是單身。

●這份億萬富翁名單上，不乏許多大家熟悉的名字，他們許多來自企業界（例如奇異公司前任總裁威爾許、戴爾電腦創辦人麥克‧戴爾），有些是投資大師（例如華倫‧巴菲特），有些來自影劇界（例如導演史蒂芬‧史匹柏、喬治‧盧卡斯、知名脫口秀主持人歐普拉），有的則是繼承祖業的百年家族（事實上每10個億萬富翁當中，就有4人是靠著繼承遺產而來，他們當中包括老牌的洛克斐勒、杜邦，也有新企業巨人如威名百貨、GAP服飾公司的相關家族等）。

和富翁相關的一些數字

●當今億萬富豪的財富規模，已經到了一般人難以想像的程度，有人曾經計算過，名列《富比士》的億萬富翁花掉100萬美元，其實只相當於美國年所得35,000美元的人花掉75美元。

●財富的客觀價值會隨著時間和特定的經濟與社會條件而改變，不容易將富翁的財富放在同一個刻度衡量。舉例來說，二十世紀初靠石油起家的洛克斐勒和二十世紀末以電腦軟體致富的比爾‧蓋茲，都是美國史上兩個世代最有錢的人，以絕對金額來看，蓋茲的財產比洛克斐勒多出2倍，但若加入國民所得水準因素計算，洛克斐勒的財富其實是蓋茲的13倍。

●根據美國一項統計，分別有53%、35%、35%的富翁會對教育機構、災難救助團體和藝術活動捐款，相較之下，一般人有相同捐款行為的比率只有30%、14%、24%。也就是說，從這樣的數字來看，就算富翁們是帶著自利動機捐款，做好事的比率依然高於一般人，且對亟需金援的弱勢族群而言，確是美事一樁。

●富翁們不只為自己賺錢，也能替投資他們的人創造財富。根據美國《財星》雜誌報導，截至2001年10月底，全球名列前矛的億萬富豪傑克‧威爾許所領導的奇異公司，總共為該公司的投資者創造高達3,120億美元的財富；全球首富比爾‧蓋茲則為所有投資微軟公司的人，帶來高達近3,000億美元的身價。（沈雲驄）　　■

50幅富翁的肖像

財富和愛情是很相似的，沒有一定的來由，沒有一定的配方，沒有一定的結果。也許正是因此，所以沒法把它們當知識來看待如何學習，而只能當藝術來看待如何體會。這裡是古今中外五十幅富翁的肖像。

文／傅凌

子貢

1 孔子的弟子裡有個大富翁，那就是**子貢**，姓端木，名賜。

在《論語》裡，我們熟知的是那個和孔子談「溫良恭儉讓」，談「己所不欲，勿施於人」的子貢，但這個子貢也很會做生意，孔子稱他「億則屢中」（看準什麼機會經常成功），因此累積了很多財富，可以「結駟連騎，束帛之幣，收聘享諸侯。所至，國君無不分庭與之抗禮」。

孔子死後，名聲得以傳布天下的，也正是這位子貢之功。

子貢也很有辯才及活動能力，看他幫魯國化解齊國圖謀之急，很有縱橫家之祖的架勢。

2 **計然**姓辛，字文子。先是晉人，在越王句踐滅吳之前來到越國，由於長於牟利，正是越王生聚教訓所需，所以范蠡尊為老師，並且為他引見越王。計然為人「有內無外」，甚為自歛，獻了七策，越國只用了五策就滅了吳國。滅吳之後，范蠡之所以決定自己出外創業，固然是看破政治，也是因為感嘆：「計然之策七，越用其五而得意。既已施於國，吾欲用之家。」

計然自己累積了多少財富，不得而知，但他可真是陶朱公的老師。

3 **猗頓**，是魯國人。他的致富，有兩種說法。一說是以鹽起家；一說是他原本是個貧士，聽說陶朱公很會賺錢，因此前去請教，聽陶朱公的話大畜牛羊，十年之間，賺取了可比王公的財富。

4 周人都很懂理財，**白圭**尤其是箇中高手。《史記》說他很懂得觀察時勢：「人棄我取，人取我與，能薄飲食，忍嗜欲，節衣服」，工作的時候和僮僕同苦樂，要行動的時候「若猛獸鷙鳥之發」。白圭對他自己的本領，有以下的描述：「吾治生產，猶伊尹、呂尚之謀，孫吳用兵，商鞅行法是也。是故其智不足與權變，勇不足以決斷，仁不能以取予，彊不能有所守，雖欲學吾術，終不告之矣。」換成白話來說，就是「我在經營上所施展的，不下於姜太公他們建國，孫子用兵，以及商鞅變法之道。因此智慧不足以權衡利害，魄力不足以當機立斷，待人之心不足以判斷要拿要給的分寸，光知進而不知守的，想要學我的本領，也不會告訴他們的。」千古名言。

5 幫越王句踐滅吳的**范蠡**，是楚人。滅吳之後，范蠡看出越王可共患難而不能共富貴，就帶著家人、弟子離開越國，到齊國改名為鴟夷子皮，在海畔努力治產，沒多久，就成巨富。齊國人聞名來請他為相，范蠡覺得「此布衣之極也，久受尊名不祥」，因而不肯接受，散盡家產給鄉親朋友，自己又啟程去到陶地，改名朱公。由於陶地居天下之中，交通便利，是做生意的好地方，他乃在十九年中「三致千金」，並且再分散給貧窮的親友。他的子孫也很會做生意，懂得放貸，「遂至巨萬」。以至於後來世世代代的中國文化裡，都把「陶朱公」當成富翁的代名詞。

范蠡

6 春秋時候，最初的強國鄭國，是和商人一起立國的。鄭國富商裡，有很多有意思的人。代表性的是**弦高**。弦高的故事，一般都只講了一半。秦穆公的時候，秦國覬覦鄭國已久，看鄭公新立，派兵奇襲。弦高在商途上遇到秦軍，看破他們的意圖，就假裝自己是鄭國派出的使者，以十二頭牛來犒賞秦軍，澆熄他們奇襲的信心，同時一面派人急忙回國通報，一面邀晉國在秦軍歸途上夾擊，大破秦師。事後，鄭襄公要厚賞弦高救國之功，弦高卻推辭了。他的理由是，這次他靠的是詐術，因此：「詐而得賞，則鄭國之政廢矣。為國而無信，是敗俗也。賞一人而敗俗，智者不為也。」帶著他的部屬他遷，再也沒有回鄭國。很有格的一個富翁。

7 齊人**刁間**致富之道很特別。齊國人一向瞧不起奴虜，但刁間特別會善待他們，用他們去做魚鹽買賣，成為巨富。

秦國破趙之後，遷移很多趙人。一般人都百般祈求不要遷移太遠，只有

8 　**卓氏**聽說蜀地有沃野，又有很興盛的商業，要求遠遷。後來放他到臨邛（今天成都附近），就在那裡落地生根，以鑄鐵致富，僮僕達千人之多，「田池射獵之樂，擬於人君」。真是有見地的人物。

9 　**呂不韋**以陽翟大賈當上秦國的宰相，不但為日後秦始皇統一天下奠定基礎，自己還能不限於財富與政治人物的局限，著下一本《呂氏春秋》，是個財富中的風流人物。

呂不韋

10 　秦漢之際的**任氏**，也是很有遠見的人物。秦朝滅亡的時候，攻破咸陽的豪傑都爭著搶金銀財寶。但是任氏因為先人就是督道倉吏，所以懂得糧食的重要，專門搜購了倉粟。等到楚漢相爭，人民不得耕種，糧食的價格飛漲，任氏就以他的糧食起富，其他豪傑搶到的金銀財寶也都盡歸任氏。富人都奢侈，但任氏節儉持家，非自己田畜所出不衣不食，公事不畢則不飲酒食肉。以此為鄰里表率，因而富有又為人敬重。

11 　西漢成帝、哀帝時，**樊少翁、王孫大卿**兩人都以賣豉致富，累巨萬。同時，還有一位王君房，賣丹致富。

12 　三國時期，中山大商**張世平、蘇雙**等賺了很多錢，在涿郡販馬，見到劉備，看他是個人物，提供了他很多資金，對於蜀漢之站穩腳步貢獻很大。

13 　晉朝時候很多政治人物靠勢力成了巨富，其中最有名的是**石崇**。當時和石崇權貴相比的，另有一位王愷，兩人經常比闊。有一次武帝暗助王愷，賜他一株高二尺左右的珊瑚樹，枝柯扶疏，世所罕見。王愷拿去向石崇炫耀，石崇拿了根鐵如意一棒子就砸了個粉碎。王愷剛要翻臉，石崇說：「不值得生氣啊，賠你一株。」吩咐左右的人拿了六、七株高三、四尺的珊瑚樹，光彩耀日。晉武帝的那株根本不能相比。

　還有一個故事，是說右光祿大夫劉寔去石崇家赴宴，如廁的時候，看到華麗的紋帳和裀褥，還有兩名婢女手持香囊在側。劉寔退了出來，不好意思地笑著跟石崇解釋自己走錯地方，石崇回答：「是廁耳。」（是廁所啦。）

　石崇如此招搖，當然沒有好下場，終於被誅死。

14 　　南北朝的時候，梁武帝有個弟弟**臨川王**，愛錢如命。每聚錢一百萬，做一黃標；每一千萬，做一紫標。結果他的紫標之庫，有三十多間。另外有一位武陵王，在蜀十七年，積累的財富是黃金一萬斤，銀五萬斤，其他珍寶尚不算在內。晉朝和南北朝的時候，搞政治的人這麼愛錢，難怪都列名中國的亂世。

15 　　唐朝的時候，有位**劉白墮**先生以釀酒致富。他釀的酒在盛夏烈日之下，可以曝曬十天也不走味，喝他的酒醉了的話則經月不醒，因而美名曰「鶴觴」。這真是以絕技致富。

16 　　**劉晏**不能說是富翁，但是唐朝了不起的理財家。他接任鹽鐵使的時候，江淮鹽稅，一年才上繳四十萬緡，後來在他的經營之下，達六百多萬。天下的稅賦收入中，他負責的鹽鐵稅就佔了一半。唐代宗的時候京師米價奇貴，一斗就要千錢，但是他善加運用漕運，米價就降了回來。京師鹽貴，也能同樣處理。他在各地設置驛站，互報四方物價，因而「雖遠方不數日皆知，是以能權萬物輕重，使天下無甚貴賤」。劉晏常說自己「如見錢流地上」，可知他真是深得財富三昧，是個讓人惋嘆不是富翁的富翁。

17 　　唐朝還有一位**裴明禮**，也是個賺錢的天才。他深得人棄我取之道，以收集別人不要的東西，累積而賣，因而家產巨萬。有次他在城外買下一塊不毛之地，因為瓦礫很多，所以就立了一個大筐，誰投得中就賞錢，不到十來天很快就藉別人之力，把瓦礫收拾乾淨。收拾乾淨之後，他再放羊到空地上，累積糞便，加上雜果核，用犁牛去耕種，一年多後再連地帶收成一起賣掉。得到巨萬，再置甲第，置蜜蜂來營蜜。「營生之妙，觸類多奇。」

18 　　五代時候，少年家貧的**毋昭裔**當上後蜀軍相，出資百萬在四川開館雕《九經》，西元953年完成。毋氏書籍遍銷海內，成為中國第一個賣書致富的私人出版家。

19 　　元末明初的時候，中國出了個活財神**沈萬三**。沈是今天江蘇崑山的周莊人。他的致富，有兩個原因：一是繼承。沈萬三繼承的財富，除了父親股實經營留下的遺產，另外，自己幫忙理財的巨富陸道源，在過世的時候，

還留了一筆錢給沈萬三。二是自己的經營。沈萬三的經營不只包括農稼及田產的累積，更掌握了漕運甚至與海外的通商機緣，以江浙的絲綢、陶瓷、糧食、手工藝品和海外貿易，終於「競以求富爲務」，進而「資聚萬萬，田產遍於天下」。

元末朱元璋與張士誠相爭，沈萬三因爲資助過張士誠，等朱元璋統一天下之後，沈的日子自然就不好過了。沈萬三爲了輸誠討好，屢屢貢獻自己的財富。朱元璋要建南京城的時候，沈爲表誠意，答應負責建城三分之一的資金，並表示要幫朱元璋犒賞三軍。朱元璋大怒。《明史》說他的反應是：「匹夫犒天下之軍，亂民也，宜誅之。」後來是朱元璋的馬皇后緩頰，朱元璋才放他一命，但是流放雲南。沈萬三的財富傳奇，自此一蹶不振。到今天，只剩下周莊的「沈廳」一供憑弔。

沈萬三的故事，具體說明了富翁在封建時代受政治力量決定命運的無奈。在沈萬三的時代之前，這原來中西皆然，只是大約從他之後，西方的個人財富觀念日益發達，政治力量不得干預私人財富的趨勢也日益明確，但相對地，中國富翁還要在這個無奈的命運裡輪迴許久。

20 政治人物弄錢成爲富翁，在清朝乾隆年間又出現一個高峰。那就是 **和珅**。

和珅以英俊的才貌博得乾隆的信任及寵愛，權傾一時，在聚財的手段上創造了新的傳奇，不過他也在乾隆死後第五天就被嘉慶以二十大罪賜死，家產抄沒，成爲中國貪官文化的一個代表詞。2002年1月，天津薊縣八座和珅家族的古墓被盜，2月破案，追回了朝珠、瑪瑙、瓷器等古物，讓人除了從宰相劉羅鍋的戲劇之外，又味了一下眞實歷史的溫度。

21 清末巨富，現在大家耳熟能詳的是 **胡雪巖**。這個經由高陽的小說而爲人熟知的人物，成了「紅頂商人」的代名詞。透過高陽的描繪，胡雪巖最動人的還是他的人情，人的性情。除了八個罈子七個蓋的商場功夫之外，胡雪巖前半夜爲自己想想，後半夜爲旁人想想的思考方式，才是他成功的根本因素。他肯資助王九齡，也和這種精神相呼應。胡雪巖不爲己甚，是中國老派商人的傳統，和後來西方財富人物所代表的行事風格相比，令人低迴。

其實歷史上眞正「紅頂商人」的極致，還是 **盛宣懷**。影響中國近代

盛宣懷　　立緒文化／提供

22

史深遠的招商局，以及電報、鐵路、鋼鐵事業，都是在盛宣懷手裡一手建立起來。

照高陽的小說，胡雪巖之敗，和左宗棠與李鴻章政治力量之爭有很大關係。但是極受李鴻章提拔的盛宣懷，雖然以近代中國實業界十一個第一而風光一時，終究還是垮在政治手裡。清朝最末期，盛宣懷代朝廷策畫鐵路回收國營的政策，引發保路風潮。保路風潮不但把盛宣懷拉下馬來，也直接導致武昌起義，清廷覆滅。民國建立，盛宣懷連家產都遭到沒收，可以說是民國成立，用來祭旗的第一個富翁。

胡雪巖與盛宣懷雖然是一百年前的人，但他們的影子，其實一直在重複。民國成立之後，固然新登場的富翁不知凡幾，大富與與政治結合，政治力量更替之後，財富人物也要隨之易位的戲碼卻一直在重複上演。五十年前大陸新政權建立的時候固然如此，今天這個戲碼依然沒停過。這和西方近代的巨富，不論起落都可以選擇一條和政治無關的路來說，相差太大，也造成今天許多中西富翁在本質上、思想上根本的差異。

23

中國人稱陶朱公為巨富的代表詞，西方人則稱**克魯瑟斯**（Croesus）為代表。

克魯瑟斯是公元前第六世紀，小亞細亞地區利地亞（Lydia）的最後一任國王。西方最早的錢幣，就是利地亞王國所製造的。這個王國的財富來自於香水和化妝品，以及用琥珀金（一種天然的黃金與白銀合金）製造的錢幣。克魯瑟斯於公元前560年就位，改以純金或純銀來造幣。

除了他的財富之外，克魯瑟斯還有個美麗的傳說。當他在位的時候，有一天他向希臘的哲人梭倫（Solon）誇耀他的財富，問梭倫世界上可能還有比他更幸福的人嗎。梭倫回答他：人在活著的時候是難以認定是否幸福的。克魯瑟斯身處財富的顛峰，不以為意，覺得自己超越其上。後來居魯士滅了他的國，把他綁起來要燒死他。就在火焰騰飛之際，克魯瑟斯大叫起來：「梭倫，你說對了！」。居魯士聽他大叫，就好奇地延緩火刑，問他緣由。他說完了之後，居魯士陷入沉思，輪到他思考人世的無常了。後來居魯士不但釋放了他，還聘他當自己的軍師，兩人成了好朋友。

1710年，德國音樂家以他的故事寫了歌劇史上名稱最長的一齣劇：*Der hochmuthige, gesturtzte, und wieder erhabene Croesus*（克魯瑟斯，那傲慢、衰敗，又再起之人）。

今天，英文裡形容一個人富有，還是會提到「他比克魯瑟斯還有錢」等等。

24 公元前700年左右，今天土耳其中部地區有個弗里幾亞（Phrygia）王國，國王名叫**米達斯**（Midas），傳說中能點石成金。後來1957年一個美國探勘隊還發現了一個很可能就是他的墓。

米達斯有兩個傳說，一個是因為他幫過神祇的忙，得以許願擁有「金手指」，可以點石成金。但他後來發現因為自己所觸及的一切都變成黃金，連吃喝都不能，最終又放棄了這項神奇的能力。

第二個傳說，是他有一次得罪了阿波羅，所以長了一對驢耳朵。他整天用帽子遮住，只有他的御用理髮師知道這個祕密。理髮師受不了只有自己知道這個祕密，就跑到荒野裡在地上挖了個洞，然後對著洞裡把這個祕密講了出來。後來這個洞裡長出蘆葦，蘆葦隨著風聲，把這個祕密傳遍了整個國家。

25 雅典時代，最大的一個工廠是做盾牌（shield）的，雇用了120名工人。老闆叫**Pasion**，死的時候財富有2噸的銀或金。

26 公元前第一世紀，羅馬最有錢的人是**克拉蘇**（Marcus Licinius Crassus），財產值4千8百萬得那利（denarii，當時的羅馬幣），當時一個一般的步兵一年賺250個得那利。

27 羅馬時代，西西里的一位總督**維勒斯**（Gaius Verres）為西方貪官致富立了個榜樣。維勒斯吹噓他的三年任期要：第一年為自己撈，第二年為親戚朋友撈，第三年為了賄賂萬一東窗事發的時候審理他的法官撈。

羅馬法律規定作物課稅百分之十，但是這位老兄課稅百分之五十。結果他三年撈了1億得那利。他逃到馬賽，被逮回來，但最後只以罰款75萬得那利了事。

28 **奧古斯都**成為羅馬皇帝之後，全羅馬最富有的人就是他了。因為從克麗奧佩脫拉手裡征服的埃及，整個埃及王國都屬於他的財產了。

Corbis

喬凡尼‧梅迪奇

29

中世紀，歐洲開始萌發近世銀行的雛形。

十四世紀後期的時候，佛羅倫斯最富有的銀行家出現，就是梅迪奇家族。這個家族最早的掌門人是**喬凡尼**（Giovanni de Medici），1429年去世，交棒給柯西摩（Cosimo）。他們經營羊毛，絲，農場，以及從蘇格蘭到敘利亞的貿易邊哨，還有佛羅倫斯最大的銀行。

其實，在這之前，十四世紀初，佛羅倫斯就出現過一些大銀行家如巴地（Bardi）和佩魯奇（Peruzzi），但是他們借了很多錢給王公貴族，結果一旦他們因為戰手等原因還不了款或翻臉不認人的時候，銀行就周轉不靈倒掉。梅迪奇家族以前車之鑑，做了一些防備：一，不借錢給王公貴族；二，各地銀行相互獨立，以免出了問題相互牽累；三，開始新事業的時候，設計了股份有限的觀念，以免負擔無限責任。在經營上，梅迪奇家族也有兩點高明的設計：一，在各地發掘當地有能耐的年輕人，就地取才；二，鼓勵年輕人以他們的服務和才幹入股，梅迪奇家族則提供他們需要的資金。

柯西摩因他的財富，在政壇也成為舉足輕重的人物，並且成為文藝復興時期資助藝術創作的人物之一。

十五世紀末的時候，法國入侵義大利，查理八世攻進佛羅倫斯，沒收了梅迪奇家產。不過，有幸於他們先前的設計，家族事業還是維持下去，一直到十八世紀在歐洲和教廷都具有重要的影響力。

30

當時歐洲還有一個巨富是**賈克‧庫瓦**（Jacques Coeur）。他是個法國銀行家，先是做布料生意，然後做些貴重品，然後涉入銀行業。他是個集貿易、金融和政治於一身的人物，後來又獲得開礦的權利。據說，法國當時沒有一筆生意是和他無關的。查理八世能四處征戰，以及百年戰爭中最後能把英國人趕回去，都得力於他的財力支持。

但這個人接下來卻遭到誣陷，說是他毒害了國王的情婦，綁架奴隸送給伊斯蘭世界用等等。國王把他下獄，沒收他的財產。庫瓦後來設法逃出法國，投奔教廷。教皇因為要和伊斯蘭世界作戰，熱烈歡迎他來歸。

31

十四世紀，**教廷**就是財富。教會什麼都賣，連贖罪券也賣。教會裡的高層人員，起居有如皇宮，飲食都以金盤進用，騎馬的馬鞍也是黃金打造。

有人看到此情此景，嘆教會爲「西方的巴比倫」。

32 　　哥倫布是爲了財富而去探索新世界的。在發現新大陸之後，他獲得總督一大片土地的權利，並且可以從貿易中抽取一大筆酬勞，但是他沒有享受到這些，被暴動的殖民地人民囚禁一陣之後，釋放後不久即去世。

Corbis
艾克萊特

33 　　十八世紀中葉，原來是假髮製造商的艾克萊特（Richard Arkwright），把水力和紡織機結合，發明了新式動力的紡織機而致富。到1782年，他已經累積了20萬英鎊的資本，僱用五千名工人。之後，他還購買了一個爵位。艾克萊特算是工業革命時期的新富（New Money）。

　　艾克萊特貢獻，不只是發明了一種機器，還在於他建立了現代廠房的基礎系統，對工業革命技術之外的經濟與管理層面做了奠基的工作。

34 　　寫《雙城記》和《塊肉餘生記》的英國作家狄更斯，寫作與講學讓他每年至少賺進3萬英鎊，如此收入，當時足以稱爲富翁。

35 　　美國獨立革命時代，富蘭克林（Benjamin Franklin）除了是建國元勳之外，還有太多角色，其中之一是富翁。他從小因爲家中食指浩繁，上了一年學就輟學，當了兩年蠟燭學徒，然後跟哥哥進了印刷業，當學徒當到二十歲。十六歲的時候，富蘭克林成爲素食主義者，省了飯錢買書，熱愛閱讀。二十歲那年帶著一塊荷蘭錢，三條麵包去費城。兩年後他有了自己的印刷廠，出版一份報紙，以及《窮李察年鑑》（Poor Richard Almanac），轟動一時也流傳至今。

　　富蘭克林除了發現電之外，還發明變焦眼鏡、富蘭克林爐（Franklin Stove），成立了第一個消防公司、火災保險公司。不過他的財富觀不來自發明與製造，而是土地，也留下了一句名言：「省一分就是賺一分。」他死的時候有15萬美元左右的財富，留給費城和波士頓各5千美元，成立一個兩百年的慈善計畫。由於他年輕的時候受惠於別人的貸款，所以也特別囑咐基金未來要以百分之五的利息借給年輕已婚的學徒。今天這兩個基金的規模雖然沒有他原先設計的那麼大，但還都在運行。

　　富蘭克林是古往今來最多才多藝的一個富翁。

36

如果說富蘭克林是個富翁，那麼美國國父**華盛頓**去世的時候有53萬美元的財產，是富蘭克林的三倍。他的財富來自土地的積累，以及他娶了一個極其富有的寡婦。

年輕的時候，華盛頓是個土地測量員，一面測量就一面把錢投資在購買土地上。到二十八歲的時候，已經有1,500英畝的土地。二十七歲的時候，他娶了一位寡婦。她丈夫留給她17,000英畝的地產，總財產有60萬美元之譜。

華盛頓以櫻桃樹的誠實故事為人所熟知，他對金錢也有相當的堅持。獨立戰爭時，他身為獨立軍的統帥，卻不肯領薪，只接受對他日常開支的津貼。以他的人格，加上他又善於理財，今天他的頭像會出現在最多的美國鈔票上，不是沒有道理的。

37

十八世紀中，美國興起了淘金熱，從科羅拉多到加州到阿拉斯加，不一而足。淘金熱造成許多故事。像OK牧場發生的故事，後來一再改編成電影，最近的一部是凱文·科斯納的《執法悍將》。

淘金的富翁中，在內華達州發現金礦的**亨利·康斯達**（Henry Comstock）是個代表。他發現金礦的地方，紀念他取名為康斯達礦層（Comstock Lode）。康斯達把他發現的所得賣了，然後去鄰鎮另做生意失敗。之後，他又回頭開礦，但無所獲。十多年後，潦倒中開槍自殺。

38

十九世紀初，美國出了個對財富有著狂想的人，**杜鐸**（Federic Tudor）。杜鐸先是做些乾貨的生意，接觸到香料，也因而對食物的保鮮方法產生了興趣。1805年他決定從麻州北方，把湖裡冬天結的冰運到加勒比海。他投資了1萬美元，但半年後賠了4千元，加上美國禁運，差點因為負債吃上牢飯。

他不死心，又拿到獨家運冰到古巴的特權，但沒多久又因為政治因素停止。兩次打擊都沒有擊垮他的信心，杜鐸反而利用沉潛的時間思考出一個道理：消費者固然需要教育，但也許不要先訴諸對冰完全沒有概念的人，而把目標轉往比加勒比海稍北的美國南部地區。

他這一次行通了。一噸三角的冰，運一千哩之後就可以一磅賣到一角。接下來杜鐸又做了兩個突破：一是找到一種專利，可以用一種切割機器把冰整整齊齊地切成平整的四方形。這樣冰又方便疊放，又不再容易破壞運輸工具。二是他也用絕緣體的概念改進了儲存冰的方法。杜鐸吸引很多競爭者加

入，開啓一個冰的產業。總之，1816年波士頓出口的冰是1,200噸，但是到1846年已經高達46,000噸，到1856年，更高達146,000噸。賣冰的地區更涵蓋了印度、中國、菲律賓等亞洲國家。

住在華爾騰湖邊，寫《湖濱散記》的梭羅，也不小心成了杜鐸的受害者。因爲杜鐸後來取得華爾騰湖結冰取冰的獨家權利。梭羅在書裡寫到夜裡聽到火車的呼嘯聲音裡，應該就混雜了很多杜鐸運冰的旅次。

冰成爲一種產品之後，對後人產生了很大的影響，尤其在鐵路發展之後，冰和鐵路成爲美國農牧產品得以行銷新市場的最大利器。

後來杜鐸還想了些其他發財方法，包括開煤礦，還動過開設美國第一家主題樂園的念頭。最後他的財富投資在咖啡進口上，栽了大跟頭。但，這無損於他那最能代表追求財富所需的狂想。

Corbis

洛克斐勒

39

十九世紀後葉到二十世紀初葉，美國出了幾位人物，爲所有的財富以及富翁的定義下了新解。

第一個人是**洛克斐勒**（John Rockefeller）。今天固然說比爾·蓋茲富可敵國，但是如果換算成當年幣值，洛克斐勒的財富在比爾·蓋茲十三倍以上。在美國餐廳裡有一種蠔叫「洛克斐勒蠔」（Rockefeller Oyster），以「洛克斐勒」來形容其豐碩（Rich）不是沒有道理。

洛克斐勒的父親也做Oil的生意，但是Snake Oil（賣假藥）。從小父親教育他的方法就很特別，一有機會就要騙他，以便教他「招子放亮」。當別的孩子都在寫日記的時候，洛克斐勒就在記簿記。包括他在追自己太太的時候，買一束花，買一枚戒指多少錢，都在記錄之內。他三十一歲的時候創立了標準石油，之後，不過十年時間，就佔據了全美國百分之九十五的市場。

他對競爭對手的策略很簡單：你讓他合併，他讓你發財，否則你就沒得混。他有種種手段，其中最厲害的，就是鐵路運他的石油，是一桶美元十分，但是運他競爭對手的油，一桶三十五分，更厲害的是，還會把高出來的二十五分轉付給標準石油。他兩個弟弟也做石油生意，其中一名接受他的條件，也成了千萬富翁，另一名不合作，在市場上掃地出門，落魄以終。

但因爲他的手段，美國在1890年通過夏曼反托辣斯法案，第二年，標準石油被拆解成三十四個公司，其中包括艾克森石油。連帶的，1900年代全美國報紙都在熱烈討論，看教會是不是要接受洛克斐勒的「髒錢」（Tainted Money）。

洛克斐勒有另一面。他母親是個虔誠的基督教徒，教導他信奉上帝。他終身養成一個習慣，任何收入，都把其中百分之十捐出來給教會，他一生光這個部分捐出來的錢就有一億美元之多。洛克斐勒最愛說的一句話就是：「我的錢都是上帝給我的。」從1897年起，他開始慈善事業，到1937年去世的時候，共捐出5億美元，死後留給獨子約翰‧洛克斐勒也將近5億美元。

追求財富需要一種無止境的企圖，一種雄心。儘管毀譽參半，但是誰都不能否認洛克斐勒體現了這種企圖與雄心。

另外一個富翁**摩根**（J. P. Morgan），和前面幾位又有不同。他不是貧寒出身，也不是工業出身，他是銀行家。摩根以精準的投資眼光和過人的魄力，改寫了銀行家的角色與力量。摩根出面投資哪家公司，幾乎就代表了對這家公司的背書與保證，給近代工業銀行也下了新的定義。他投資的代表作不知凡幾，其中有兩個特別膾炙人口。一是拯救愛迪生的公司，和另一家公司合併成今天的奇異（General Electric）；一是把卡內基的公司和其他幾家公司合併成美國鋼鐵公司，佔了整個鋼鐵業的百分之六十市場。

摩根對財富有句名言。他造了許多豪華遊艇。一個華爾街的大亨問他花了多少錢，摩根回答：「你要問多少錢的話，就一定花不起了。」摩根去世留下的財產只有洛克斐勒的十分之一，1億多美元。並且其中很大一部分是藝術品，都捐給大都會博物館。事實上，摩根的目標在追求最大的財富之外，更在建立一個久遠的組織。他如此形容自己所創立的公司：「我們是為永恆，為世世代代的延續而創立。等各位已經過世，已經埋葬千百年之後，我們還會繼續屹立。我們的事業將在一代一代今天還沒出生、但將會接受到經營訓練的那些人的手上，沒有中斷地持續下去——我們是個組織。」他的期許並沒有落空。載著他名字的華爾街那家公司，到今天還是財富與權力的代表。

Corbis

摩根

有一位富翁不愛讀書。他的說法是：「我不愛讀書。書把我的頭都搞昏了。」這位富翁就是**亨利‧福特**（Henry Ford）。

要說史提夫‧約伯斯在車庫裡發展電腦，是美國式的傳奇，那這種傳奇事實上從亨利‧福特身上就開始了。十六歲的時候，他就設計了一套大量生產手錶的計畫，結果一天就能生產二千隻手錶，但因為不知道怎麼銷售而沒能成為鐘錶大王。

他幫愛迪生工作之後，熱中於在自己屋子後面製造自己的汽車，結果1896年，三十三歲的時候造了第一輛自己的汽車。但接下來他開了兩家汽車公司都失敗。1903年，他再接再勵，又成立了福特汽車公司，一直企圖能生產一種「給大眾使用的汽車」，終於在1908年推出T型車。

T型車最成功的一個原因就是運用標準化零組件，建立了一個極有效率的生產線。八年之內，他把汽車的價格從1,000美元左右降低到345美元，把生產一輛車的時間由728分鐘減為93分鐘。這樣一條有效率的生產線上的工人，福特提出日薪5美元，當時一般工資則是1.5美元。

福特車風靡全美，他也成為巨富之後，花了兩百萬美元蓋了一座華廈，因為前來乞討的人，以及想要登門造訪的準發明家不絕於途，所以他把大門設在居宅一哩遠之外。1939年，小羅斯福總統邀他參加一個晚宴，要介紹英國國王和皇后給他，但是他拒絕了，因為那天晚上他太太有個花園俱樂部的聚會。很有氣派。

42　　　1928年的時候，美國國會頒發了一個金章給**愛迪生**，紀念他發明電燈，電影，留聲機等等，給人類創造了159億9千9百萬美元的價值（沒有說明是怎麼計算出來的）。

愛迪生本身當然沒有享受到這麼多，雖然他已經算是非常擅長處理自己的財富，他死的時候只有1千2百萬美元的財產，和以上的大富翁相比，有段很大的差距。

和摩根同時代，華爾街上有個女的也很會投資，事實上，她死的時候留下的遺產也有1億美元，就金額而論，和摩根相差無幾。

43　　　這個女人叫**赫娣・格蓮**（Hetty Green）。從小女孩的時候，就讀報紙上的金融欄。她父親經營捕鯨業，也做中國的生意，去世的時候留了6百萬美元的遺產。格蓮因為搶姑姑的遺產而偽造文書，結果躲到英國八年。再回來就活躍於華爾街，低買高賣，同時也扮演金主的角色。

她極為吝嗇。長年黑衣黑帽，最後穿成綠色。日常吃三明治，穀食也是喝冷的，節省加熱的錢。最誇張的還是她的兒子有一次發生意外，傷到膝蓋。她去義診，被醫生認出來要她付錢。她氣得回家自己動手治，結果不成，兒子不得不截肢。這樣的女人，當然財產分立，丈夫破產也不施援手。

格蓮快死的時候，要兒子立下切結書，就是在大學畢業後二十年之內不

可結婚，以專心繼續經營她的財富。後來因為她兒子和其他家人都無後，遺產大半被課稅，剩餘的金額分給了六十三個慈善機構。格蓮有「華爾街巫婆」之稱。是個精明但沒有智慧的巫婆。

44 **松下幸之助**，是日本富翁中最值得一提的人。幼年時分，因為父親投資失敗，家境陷入極端貧窮的境地。此外他的身體健康狀況也不是很好，不只胃腸的問題曾經讓他在生活中極為不便，成年後也一度罹患當時所謂的絕症肺結核，但是他都不但克服這所有的難題，並且成為名、利、壽三者俱得的人物，因而西方有人稱他為「松樹之下得到幸運助力的男人」。

松下之所以成功的因素，可以分兩個階段來談。第一個階段，是以誠待人，加上努力不懈所致。然後，到1932年，也就是他創業之後的第十四年，他突然從宗教中受到新的啟發，對自己的人生與企業的使命都有了嶄新的認識。這一年他訂為「創業知命的第一年」。如果把這一年起算為他人生的第二個階段，那他成功的因素就是深刻地體會到人生的使命，以及使命可以實現的價值。

松下幸之助在「創業知命的第一年」講出膾炙人口的自來水哲學：「世界上的物質，如果能像自來水一樣無限量供應的話，定能消滅許多的貧窮。這就是我們的使命，我們要不斷地努力生產，使電器製造得像自來水一樣的豐富與價廉，讓人人都能買到物美價廉的電器產品，改善生活，消滅貧窮。」

松下因為對經營和人生都有獨特的體驗，所以自己也有極豐富的著作。

45 經濟學家極少實際參與投資，投資成功的經濟學大師更寥寥無幾。**凱因斯**與李嘉圖是公認較成功的例子。英國人甚至把凱因斯視為「不用工作而能成功獲取財富」的一個代表。

Corbis

霍華‧休斯

46 **霍華‧休斯**（Howard Hughes） 是從興趣中創造財富的富翁。他父親發明了一種鑽油工具，所以給他留了一大筆財富。但他把父親的事業交給專業的人管理，自己一生的志業則是飛行和電影。

1930年代他拍了很多口碑不佳，但是票房很好的電影。珍羅素、珍哈露，都是他發掘的明星。1934年他成立休斯飛機公司，進入航空業。他是個很出色的飛行員以及飛機設計師，不但設計了一些破紀錄的飛機，也在1938年創下四天環繞全球飛行一圈的紀錄，回到紐約受到英雄式的歡迎。

從1950年代起，他開始過隱居生活，不停地更換生活地點，絕不公開露面，只有極少數親近的人才能見到他。

休斯飛機在他死後九年以52億美元賣給通用汽車，從航空轉向直播衛星電視，行動及數位無線通訊系統，極為成功，現在名稱是休斯電子。他成立的霍華·休斯醫藥中心原先只是一個避稅的設置，但是在各方壓力下，卻成為一個真正的研究中心。

47

二十世紀，由於娛樂、消費、運動、新聞相結合，個人才華轉化為財富的可能空前提高。娛樂及演藝明星，從早期的貓王，到今天的史蒂芬·史匹柏、喬治·盧卡斯，在在都是例子。但是在這些人物裡，披頭四的成員**保羅·麥卡尼（Paul McCartney）**還是一個令人嚮往的代表。

他不但從披頭四的音樂版稅裡早早成為富翁，也可以從寫詩、繪圖中一再展現自己的才華。當然，他還能當上英國女王冊封的爵士。

保羅·麥卡尼

48

華爾街上，當然可以有人又精明，又節儉，又有智慧。那就是**巴菲特（Warren Buffet）**。

今天巴菲特已經成為「投資專家」的代名詞。2000年他的總資產高達332億美元，換算成新台幣是1兆1,620億，是王永慶的一百倍。投資他的人也跟著雨露均霑，1956年投資他1萬美元，1995年可以值8千萬元。美國布魯克林工藝大學，有一對任教六十年的教授夫婦，膝下無子，積蓄交給巴菲特管理。1990年代中，兩人先後過世後清理財產，巴菲特幫他們竟然累積了8億美元。

巴菲特的父親就是股票經紀人，他八歲的時候就在父親書房裡讀股票相關的書。他生活節儉，一直住在1958年3萬2千美元買來的一棟房子裡，開一台老林肯。他的名言是：「華爾街是唯一一個開勞斯萊斯的人來請教一個搭地鐵人意見的地方。」

巴菲特的投資觀念是簡單化。他永遠不在乎股市的行情如何，而只注意個別公司的表現，看這個公司的產品是否有巨大的需求。因此他是像可口可

喬登

樂、吉利、美國運通這些公司的大股東。除了這家公司要幹些什麼之外,他也注意這家公司是不是用對人。所以只要投資對了,他認為自己的工作像棒球教練:靠別人打的全壘打來賺錢。至於應該給後代留下多少遺產,他又有句名言:「留給他們可以做任何事、但不能什麼事都不做的錢。」

隨著體育運動職業化,體育才能轉化為財富的可能,更是空前提高。早期的貝比‧羅斯已經立了許多紀錄,近期的**喬登**更代表了體育明星可能創造財富的新里程碑。他不只讓一個體育人物的各種多元收入都最大化,更可以說以一人之力就重新改寫了整個美國職籃的經營模式。

50　如果財富令人敬畏,如果財富代表的是神祕、權貴、傳統與難解,如果財富的根本就在一切言語之外,如果財富在所有的不可說之外必須有一個真實的具現,那麼,的確有一個。那就是在歐洲歷史長達兩百年的**羅斯契德家族(Rothschild)**。

從建立整個家族的第一人艾姆斯契‧羅斯契德(Amschel Rothschild)開始,這個猶太人的家族就一直沉浸在神祕之中。1812年,艾姆斯契‧羅斯契德去世的時候,誰也不知道他們的實際財產規模到底有多大。1940年代的時候,一位研究者認為最起碼有當時全世界財富的一半。今天,他們仍然令人感覺像汪洋一般深不可測。因為這個家族永遠團結在一起,財產由信託基金來運用,最高的決策者,永遠是長子的長子,或整個家族大多數成員同意的其他方法。

他們參與的財富領域,從農業到美酒到到金融到戰爭到數位科技;他們活動的地區,從歐洲到美國到世界任何地方;他們涉及的政治人物,從維多利亞女皇到俾斯麥到今天活躍在檯面上的諸多人物。

他們不只是猶太人的驕傲,也是近代歷史的反映者,甚至發動者。

有人說:「如果從歐洲只能挑選一個代表性的強權,那個強權就是羅斯契德家族。」因此,要講他們的故事,不是這裡肖像的篇幅所能解決。(請參考第112頁推薦的書來閱讀。)　■

一個永遠不再言語的富翁

　　代表阿拉伯文明的《一千零一夜》裡，有太多富翁的肖像，這裡不及細載。可是有一個故事，不能不記一下。

　　很久以前，有一個財主，死後留下一個年幼的獨生子繼承祖業。兒子長大後，由於財產太多，終日花天酒地，揮金如土，不久就把錢花光，出賣苦力度日。

　　有一天，一個衣冠楚楚、面容慈祥的老人來找他，說是家裡還有另外十個老人需要照料。如果照料得好，可以給他很豐厚的一筆酬勞，但是有一個條件，就是如果看見他們傷心哭泣，不許問為什麼。

　　年輕人答應了，跟老人回到一幢豪宅，大廳彩色雲石的地板上鋪著絲毯，鑲金的天花板燦爛奪目。屋裡有十個年邁的老人，個個穿著喪服，相對傷心飲泣。

　　年輕人耐著好奇心，悉心地照料這些老人的健康起居，老人也給了他三千金幣當作回報。接下來幾年裡，老人一個一個地死去，等到只剩最後一個人的時候，他忍不住還是問他哭泣的原因。老人伸手指了指一道房門，說如果一定想知道的話，就去開那道門。門開了，他就會明白，但他也難逃同樣的劫難，懊悔也來不及。

　　最後一個老人也去世後，年輕人堅持了幾天，還是去打開了那道門。門後是個無邊無際的大海。他走在海邊的時候，突然一隻大雕從天空而降，抓了他就飛向高空。飛了一陣，大雕把他扔在一個海島上又飛走了。

　　他獨自在孤島上哀歎了幾天，突然看見海面上遠遠出現一隻小船。那是一隻用象牙和烏木精製的小艇，裡面坐著十個美如天仙的女郎。女郎吻他的手，取出華麗的宮服和鑲嵌珠寶的金王冠，給他穿戴起來，然後帶他去了一座美侖美奐的宮殿，見一位女王。原來這個王國裡全是女人，沒有一個男子。女王向他求婚，願意把整個王國的財產和所有美麗的臣民都交給他儘管用，但是有一個條件，就是有一道鎖著的房門不許開。

　　年輕人和女王結婚，大宴賓客，恩恩愛愛地過了七年幸福快樂的生活。

　　有一天，年輕人想起那道鎖著的房門，想裡面一定藏著什麼更精美的寶物，不然為什麼不讓他開，於是就去偷偷打開。

　　門後面關著的是從前把他抓到島上的那隻大雕。大雕一見他，一把抓住他，又把他扔在原先抓他的那處海邊，然後消失。

　　年輕人回過神來，坐在海邊，回想自己在女王宮中發號施令的榮耀，忍不住傷心後悔。他在海邊足足待了兩個月。一天夜裡，他在憂愁的纏擾下失眠，忽然不知從什麼地方傳來一個聲音說道：「你只能煩惱了，失去了的，要想得到它，談何容易啊！談何容易啊！」

　　他死了心，回到七年前老人們居住的豪宅，忽然明白了當年他們憂愁苦惱、傷心哭泣的原因。

　　從此，他住在那幢房子裡，寂寞度日，不停地悲哀哭泣。他終生不再言笑，直到死去。

　　這是一幅富翁神傷的肖像。也許，對財富永不覺滿足的人，都應該在這幅肖像前面站一會兒。　■

HN872966YB

Part Ⅲ
文化地圖

人只要生存於世，就無法迴避幾個帶有終極意義的人生問題：生和死、貧和富、愛和恨。一個人終其一生，其行為實際上就是對這幾個問題的不斷解構和回應。大多數人的解構都平淡無奇，只有少數具有大智慧和深沉之愛的人才能將自己的回應化做地球上最美的思維之花，潤澤人

本的思考主題之一，並且也是檢驗歷代思想哲士人格的試金石。這方面最有意思的例證是十九世紀兩位思想家有關財富與貧困的思考，這兩位哲人一位是史賓塞，一位是凡勃侖。前者的思想讓當時美國的富人們歡欣雀躍，而後者的《有閒階級論》出版後，卻迫使美國的富人們開始檢討自己的公眾形象。

從社會達爾文到有閒階級

經濟學家和政治哲學家的思想，無論對錯，
都遠比一般人更具影響力。而事實上，除了這些偉大的思想外，
也沒有任何其他東西更能左右這個世界了。
許多務實之士自以為能免除知識的影響，
其實他們往往是為過時的經濟學者所擺布。
——凱因斯《就業、利息與貨幣通論》

文／何清漣

類的心靈。隨著人類歷史的延伸，上述幾個問題被不同的學科分解為不同領域的話題，生和死成為宗教壟斷的基本問題，愛和恨化為文學詩歌中永恆的主旋律，貧和富則成為資本主義社會（也是現代社會）中最基本的思考主題。

其實，翻檢世界歷史就會發現，流氓致富是世界各國現代化進程中的共同點。而對待財富與貧困的態度，也就成為資本主義發展過程中最基

史賓塞的適者生存經濟論

比較這兩位思想家對其所處時代有關財富與貧困的思考，頗覺意味深長。

英國哲學家史賓塞（Herbert Spencer, 1820～1903）一生剛好與維多利亞女王相始終。他的一大主要思想往往被後人誤解為達爾文的思想，那就是「適者生存」。據他自己說，他只是將達爾文解釋動物王國中死亡與生存的「適者生存」觀點用來說明充滿挑戰的人類經濟世界：「所有生物都必須接受『生計日艱』的事實，而這個壓力造成了普遍的進步，因為『只有能夠進化的物種才能生存』，並且『能夠生存的又必定是生物中最優秀的種類』。」

他這樣解釋富人產生的合理性：貧富差距形成是自然力無可避免的結果，富裕者之所以富裕，是他們高度適應能力所帶來的成就，富人只是自身優越性的受益者。一個人之所以能夠富有，是因為他比別人更強、更優越。有了史賓塞

對財富形成的這種解釋，富人可以理所當然地享受自己的財富以及財富爲他們帶來的種種樂趣。這一觀念也有力地保護了財富，沒有任何人或任何政府能對富人們獲得及擴充財富的方式加以干預，如果要干預，就等於干預了人種改良的基本規律。

對窮人的冷漠是史賓塞思想的一大主要特點。史賓塞是這樣看待窮人的存在：幫助窮人，就等於要中止一切的社會進步，因爲人之所以窮，就是因爲對自己生存環境無知，在生存競爭中被淘汰下來的結果。史賓塞的思想出現，在十九世紀的美國有如天啓福音，因爲他的思想完全符合了當時美國資本主義的需要，因爲過去從未有任何國家能有這麼多的富豪可以這樣充分地享受他們的財富。所以他的《社會學研究》（The Study of Sociology）一書自1860年出版後的四十年間，在美國總共銷售了三十六萬八千多冊。

這一爲富者進行倫理辯護的思想被薩姆勒（William Craham Sumner）加以發展，遂有了下面這些「名句」：「百萬富翁是自然選擇的產物……因爲他們就是經過精選的，所以財富在他們手中會累積起來……他們很可以被看做是選來擔任某種特定工作的社會代理人，因此他們能獲得高薪，生活奢侈。不過這種交易對社會是有益的。」而生存競爭正好是對窮人的鞭策，使窮人以努力工作來克服天生的劣勢。

美國的資產階級對這兩位哲人的思想非常之歡迎，在積累財富的競爭中大獲全勝的約翰・洛克斐勒，就曾用詩一般的語言表述自己優勝劣汰的觀點：「美麗的玫瑰花只有在將它周圍環繞的小芽苞犧牲掉以後，才能給觀賞者帶來芬芳。」

同樣在商場上，也只有犧牲別人才能給洛克斐勒家族帶來榮耀，「這並不是商業上的罪惡現象，而只是自然律或上帝旨意的具體化而已。」而薩姆勒執教的耶魯大學，也成爲當時富家子弟接受教育的首選名校。

這種觀念被當時許多人視做理所當然的道理予以接受，「天擇」觀念對於貧窮問題是一種相當合理的說明，但它衍生出來的觀念卻與歐美社會的宗教信仰發生劇烈的衝突，因爲當時的牧師們說教時常說的一句話是：「富人上天堂，比駱駝穿針孔還難。」這種宗教精神對史賓塞這類社會達爾文主義思想有較強的抑制作用，所以在美國歷史上，儘管在史賓塞之後也還有一些思想家對資本主義進行過辯護，但那種辯詞通常都不怎麼理直氣壯，只能重複「儘管資本主義有缺陷，但沒有制度比這更好」一類的詞語。

冷靜獨特的異鄉人：凡勃侖

但美國早期資產階級在接受史賓塞禮讚的同時，卻在另一個經濟學家（也是社會學家）那裡遭到了激烈的批判和尖銳的嘲笑，制度學派的始祖凡勃侖（T. Veblen, 1857～1929）寫了一本《有閒階級論》（The Theory of the Leisure Class, 1899年出版），使美國的新興資產階級發現除了財富之外，世界上還有別的更有價值的東西。

凡勃侖的《有閒階級論》問世有著特殊的背景。從亞當・斯密的《國富論》問世以後的一百二十五年當中，經濟學家們幾乎探訪了所有與經濟學有關的領域：這個世界的輝煌壯觀與它的污穢貧困，它在技術上的巨大成就或是它在人性價值上的缺點。金融界互相殘殺得你死我活的競

賽，被描述為「節約與資本累積」的過程；最無恥的騙局被稱為「自由企業」，揮霍無度被視為是正當的消費。

而這一時期的經濟學著作卻根本無法反映美國的經濟生活。克拉克的《財富的分配》根本不能反映美國已成為充斥著許多百萬富翁的國度；陶西格的《經濟學》也不能讓人知曉美國壟斷的股票市場；勞芙林在《大西洋月刊》所寫的文章告訴人們，當時美國還是以犧牲、努力和技藝做為賺錢的不二途徑，「每一個人都有權力去盡情享受其努力的成果」，簡言之，這時美國的正統經濟學是現狀的維護者，因此它們沒有發現問題的銳利眼光，對當時美國景況的本質──放縱無度與極度奢華完全熟視無睹，只以形式上的線條與沒有光澤的色彩去描繪一種「原型」。

造成這種狀況的原因在於美國經濟學家們「囿於情勢與利益的不自覺偏見」，它需要一種異鄉人的眼光，這種眼光有一種獨特的清晰性與透視性，而凡勃侖正好具有這種眼光。他的《有閒階級論》甫一問世，立即造成轟動，成為當時知識分子人手一冊的風行之作，當時一位社會學家告訴凡勃侖：「這部大作引起了東海岸的震驚。」這本書引起廣泛的震驚與其獨特視角及行文風格有關，因為過去從未有過一本書以如此尖酸刻薄的用語，對社會做如此冷靜的剖析。

這本書的內容一如書名所指出的那樣，是針對有閒階級的存在而發。在理論探究的終端，凡勃侖闡明了這樣一個主旨：什麼是經濟人的本質，社會為什麼會產生有閒階級，「有閒」本身的經濟意義是什麼？

> 用武力贏取財富的有閒階級，被視為一種榮譽而為社會所推崇；相反，出賣勞力的窮苦勞工卻遭到社會鄙視，凡勃侖認為，這是人類生活方式在掠奪精神影響下墮落的表現。

有閒階級考

對於經濟人與有閒階級，古典經濟學家們其實也一直在探究。在他們筆下，人類被描繪成一群理性化的人，在生存競爭中，有些人上升到峰頂，有些人下沉到谷底，成功者能充分享受他們的財富與閒暇，失敗者因自己的無能而忍受貧窮，這都是十分合理的事情。但凡勃侖卻認為這種人類觀沒有多少道理，他在某種程度上否定將社會束縛在一起的力量是出於「理性自制力交互運作」，他更不認為閒暇本身比工作更為人所喜好。他考察了美洲印第安人等少數民族的生活方式，發現在這種原始的單純經濟形態下，似乎完全不存在有閒階級，在這種社會裡，生存的代價就是勞動，每一個人都必須工作，不管他們的工作是什麼性質，社會皆不視為低賤。這種原始民族經濟的內在驅力不是盈虧上的考慮，而是一種自然的敬業精神及對後代的一種長輩關愛。人人都力求在他們分內的日常工作方面出人頭地，偷懶（閒暇）雖不會受到責備，但卻絕不會贏得社會尊敬。

凡勃侖還注意到另一種前工業社會，即古代冰島、日本幕府社會。這種社會中存在一種明顯的有閒階級，但這種階級卻不是無所事事的懶人，而是社會上最爲忙碌的人群，但他們的工作卻是掠奪性的，他們憑著武力或狡黠地掠奪財富，本身並不靠技藝或勞動從事工作。雖然這些有閒階級取之於社會，而且也沒有貢獻出任何生產性的服務以做回報，但是他們的行徑卻得到社會默許。因爲這些社會富裕得足以養得起一種不事生產的階級，而習俗中的尚武精神又使一般人對這種階級格外推崇，因此這種階級不但未被視爲寄生蟲，反而被奉爲能者與強者。

在這種情況下，人們對工作的態度便有極大的改變。有閒階級的活動，即用武力贏取財富，就被視爲一種榮譽而爲社會所推崇。相反，依靠出賣勞力的窮苦勞工卻遭到社會鄙視。自亞當‧斯密以來的古典經濟學家們一直認爲好逸惡勞是人類的天性，而凡勃侖卻認爲，這是人類生活方式在掠奪精神影響下墮落的一種表現，因爲一個崇尚武力和掠奪的社會，根本不可能尊重人類勞動。

凡勃侖的眼光繼續往前延伸，他在現代生活裡看到了人類劣根性的久遠遺傳。現代社會裡，有閒階級改變了它的職業，改良了它的方法，但是它的目標——不事工作而專事掠奪——卻同樣不變，與以往不同的是，以往它們專門尋求女色或戰利品，而現在代之以起的是追求金錢和積累財富，而炫耀財富或窮奢極侈卻成爲掛在印第安人帳篷上的人頭皮的現代仿本。

有閒階級不僅因襲著古老的掠奪習性，他們個人的劫掠力量也仍然如以往時代一樣備受社會推崇。凡勃侖分析這種情況產生的原因：「爲求在社會上受尊重，一個人必須要獲致某種標準以上的財富；正如同較早先的掠奪性階級一樣，野蠻人必須要獲致部族裡體力、武藝與狡黠的標準。」同樣地，在現代社會裡，每個人亦必須以力服力，才能贏得其他人的敬畏，而在這種「力」的競賽過程中，凡是從事於非掠奪性工作的人，往往自覺低下。

辛辣剖析富人特質

凡勃侖的貢獻不僅止於此，他的關於現代人只是未十分開化的野蠻人的觀點，不僅說明了有閒階級存在的現實，而且暗示了一種社會內聚力的本質。因爲早先的經濟學家並未能十分清楚地說出當社會組成階級的利益發生重大分歧之時，到底是什麼力量促使社會束縛在一起，按照馬克思的階級鬥爭觀點，當無產階級毫不妥協時，是什麼力量消解了革命？凡勃侖對這個問題給予了自己獨特的解答。他認爲，下層階級與上層階級並不是針鋒相對的，他們受限於一種看不見但十分堅牢的共同態度：工人階級並不企圖取代他們的管理者，他們只是試著去模仿他們。他們本身皆默認，他們所做的工作，比他們主人的工作要不「體面」得多。但是他們的目的並不在於除掉較高的階級，而是設法讓自己成爲較高階級的一員。正是這種心態，使社會得以保持平衡穩定。

凡勃侖對富人社會行爲的研究頗爲辛辣，《有閒階級論》就是圍繞富人因自己的財富而產生的優越感以及他們爲了炫耀自己的優越而採取的

種種行動而寫的。凡勃侖認為，在十九世紀，富裕的最大問題就是階級結構的不良，富人的精神特質總讓人感到荒謬。富人要炫耀自己的財富，才能顯示出自身的優越，而只有兩件事情才能讓他達到這一目的，大量的閒暇和大量的消費。

在每個人都必須努力工作的世界中，大量的閒暇是富人所能造成的唯一與眾不同的特點：富人自己也許需要工作，但他們的婦女卻可以享有閒暇，從而表現他們不同的身分。他們進行大量消費時，總是強調購買物品所支付的高昂「價格」來加深大家的印象，而購買時的鑑賞力卻非常粗俗。與此同時，財富被大量花費在「官能娛樂」──美食、飲酒和各式各樣的性關係上。但是一個人的飲食作樂有一定的生理限度，這種限度也一樣適用於性愛。

經歷過一定時日以後，暴飲暴食逐漸地不再為人所讚賞，反而成了人們批評的物件，同樣，一度被認為最能顯示財富所帶來的樂趣──性雜交──最後也成為大眾的娛樂，甚至成為一種「保健療法」，這時候，富人在官能上的娛樂終於不再是令人羨慕的「專利」，於是富人開始嘗試用財富創造尊敬，下列兩種方法通常是最為便利的手法，一是購買爵位，如理髮學徒阿克萊特（Dick Arkwright）因發明了舊式紡織機致富以後，

> 富人要炫耀財富顯示自身的優越，只有兩件事能讓他達到這一目的：大量的閒暇和大量的消費。而一旦官能上的娛樂不再是令人羨慕的「專利」，富人便開始嘗試用財富創造尊敬。

他便花了大量金錢購買爵位，讓自己搖身一變成為理查爵士（Sir Richard），混跡於貴族之中；二是通婚，到1909年，美國已有五百位富豪之家的女繼承人，為了改善她們家族的聲望而被遠嫁外國，與她們一起嫁出去的是兩億美元。其中最有名的是凡德堡家族與馬波羅公爵的聯姻，這次聯姻花了一千萬美元左右，而聯姻的「成就」也非常圓滿：凡德堡家族拋棄了他們的強盜傳統，他們的後代也從此變成極有聲望的上層人士。這種情況表明，一個人僅僅有錢還不能創造尊敬，世界上有一種比單純憑財富所獲致的東西更高的榮譽。

社會科學界的心智解放者

自凡勃侖的《有閒階級論》一出，再沒有富人能夠自由揮霍浪費而不遭社會諷刺。凡勃侖本人也博得巨大社會聲響，不過這種聲名是以諷刺家而不是以經濟學家著稱。社會激進分子與知識分子們推崇他，而其他經濟學家則不斷探問他是不是一個社會主義者，仍在懷疑他所說的一切是否值得嚴肅對待。不過越到後來，人們越認識到凡勃侖的研究的確觸及到他所處時代的中心過程，而在同時期經濟學家的探測之中，這一各種矛盾暴露得特別充分的過程卻出奇地受到忽視，可以說只有他，也唯有他有別於同時代其他的經

濟學家，以一雙新的眼睛看世界。

　　這裡且不說他在別的方面的巨大貢獻，只以他對有閒階級的刻畫為例，資本主義財閥是強盜大王這一點雖然令人不寒而慄，但卻接近眞實。他的學生——另一位著名的經濟學家威斯雷‧米歇爾曾對他的先師做過如下評論：「凡勃侖給世界帶來了一種令人困惑的影響——他像來自另一個世界的訪客，以超然的眼光，冷靜地剖析時下司空見慣之物，他平常思想裡所熟悉的一切，就像外力在他身上煉成的奇妙產物一樣。在社會科學的領域裡，沒有其他一個心智的解放者，能像他一般地擺脫環境的微妙箝制，而在思想探究的領域裡，我們幾乎再也找不到一個像他一樣鍥而不捨的人。」

　　距離凡勃侖《有閒階級論》出版的時代已過去了將近一個世紀，這期間美國資產階級自身的素質已發生了巨大改變，造成一個人社會地位的標準也一直在改變，如今在美國的任何一個地方，財富的簡單炫耀已經不再像過去一樣獲得社會尊敬。現代政治家就比富翁有更特殊的社會地位，根據官方統計，許多富翁願意花一筆相當數目的錢去擔任駐小國的大使，以獲得社會地位。除此之外，一個人的尊嚴必須與音樂、藝術或慈善事業相結合。富人除了錢之外，必須在某些領域創下相關成就，否則根本無法獲得社會尊敬。

檢驗思想家的試金石：貧富論

　　觀念本身往往是既得利益的試金石，人們往往會用觀念來證明社會行為的合理性或不合理性。莎士比亞在《雅典的泰門》（*Timon of Athens*）裡曾寫下了有關金錢的千古名篇。自他以後，也不斷有人在批判拜金主義和金錢迷幻症。但其實仔細深究，就會發現一點，歷代哲士對金錢的不滿，其實並不是對財富本身的不滿，而是對富人們致富方式的不滿，對他們普遍缺乏社會責任感、無視窮人苦難的不滿。每每翻看歷代哲人有關財富與貧富差距的討論時，我常常感到他們那種對人類深沉的愛，感受到他們那種深刻的學理自信和道德自信。恩格斯《英國工人階級狀況》與恩弗列羅夫斯基《俄國工人階級狀況》這兩本書，體現了兩位大思想家深厚的人文精神。馬克思曾給予兩本書極高的評價，後者的問世，他認為對當時的歐洲來說，「是一位嚴肅的觀察家、無畏的戰士和批判家、傑出的藝術家所做出的眞正發現。」

　　對財富與貧困這一現代社會的基本問題如何進行思考，是檢驗每一個思想家人格的試金石。如果說前輩思想家對財富與貧困的研究，更多地是從人道主義立場出發，從而使他們同情的天平傾向於弱者，今天的「現代人」可以譏笑這種同情心的廉價與不合時宜，那麼我們也至少可以看看不少當代思想家們對待財富與貧困的態度，如吉爾德的名著《財富與貧困》完全是從經濟增長根源方面來研究財富與貧困二者之間的關係，儘管如此，他也曾引述克里斯托爾的話表明自己的觀點：「正如人們在個人生活中不能長期容忍精神空虛的感覺一樣，他們也無法長期接受這樣一個社會，在其中權力、特權和財產的分配全然不顧某些道義上的標準。」　■

本文作者爲經濟學者。

中國大陸的「財富與貧困」

在財富與貧困已成為困擾當代中國一個最主要的問題時，中國的思想界又是如何詮釋「財富與貧困」這一人類的基本問題呢？

與改革開放之初相比，中國社會的階層分化已是任何人都無法忽視的社會現象。歷史在這二十多年的腳步是如此匆忙雜亂，幾乎濃縮了整個二十世紀的百年憂慮，即便是最有心的人也來不及思考這二十年當中所發生的一切問題，有關財富與貧困的思考基本上被摒棄在知識界主流人士的視野之外。但到了今天，誰也不能再無視中國當代富裕階層的存在：他們的行為方式已構成以消費主義為主要內容的市場意識形態；他們那種巧取豪奪的致富方式早已使勤勞致富等觀念成為過時的價值觀；他們的居住方式已從各個層面改變了城市的空間布局；他們的消費方式、婚姻家庭模式等等無一不對社會行為起著風向標的作用，貧困者與富裕者之間那種巨大的差距無處不在地刺激著人們的感官。

統計資料和各種事實已確切無疑地向社會表明，最多再過五至十年，私營經濟將成為主導中國社會的經濟形式。在財富咄咄逼人的攻勢面前，詩人、藝術家、專家、學者等都沒有辦法反抗金錢的優越性。而政府官員們無法反抗金錢優越性的結果，就是貪污賄賂公行，權錢交易成了中國社會轉型時期的一大景觀。這些富人們唯一沒有擁有的就是真正的知識。但他們中的某些人也確實以為金錢可以購買知識，於是開始以他們的方式污染著聖潔的知識殿堂，如購買文憑與博士、碩士學位，花錢找人作槍手寫書之類。

社會各方面對金錢巨大優勢的反抗，僅僅只體現在對富人們財富積累方式的譴責上。而這種譴責與整個社會巨大的金錢飢渴感相比，顯得非常軟弱無力。作家梁曉聲在《中國社會各階層的分析》一書中，已經盡了一個作家的最大努力，去批判中國當代資本原始積累的殘酷性，以及某些地方政府官員在經濟至上主義的驅使下，對弱者利益的漠視與對強者的無恥獻媚。但就在梁曉聲進行反抗的同時，最能介入中國國情研究，實際上也最具有批判能力和穿透力的經濟學，恰好又基本上放棄了對政治權力與經濟資本二者之間互動關係的研究。最讓人不能忍受的是一些經濟學家對腐敗問題所發的高論：如腐敗現象是社會轉型期不可避免的現象，用腐敗來消解舊體制是成本最小、效益最大的一種方式等等，為腐敗行為的大規模蔓延進行辯護。由於「尋租」（按：指利用權力創造收入）活動之類的腐敗行為是中國當代聚斂財富的一種主要方式，寬恕腐敗就是讚美富貴。這種「理論」在當今理論時空中照耀的結果，只會使腐敗者不需要再對自己積聚財富的方式產生罪惡感：一切都是轉型過程中無可避免要發生的，只是他們抓住了機遇而已。一個人之所以富裕，只是因為他曾占有某個位置，在這個位置上，他比別人更強、更優越；另一些無聊文人常用有償新聞的形式對這些富人的能力進行讚美，從能力和道德上把富人特殊化為與眾不同的優越者——其實往往不久以後這些被讚美的「優越者」又東窗事發，成了貪污腐敗分子。

世態變化已是如此，不容任何一個睜大眼睛看現實的人忽視這些現象，但有關財富與貧困的基本思考在中國目前還處於缺位狀態。目前已有研究中國的貧困和反貧困問題的學術專著出現，但沒有包括財富理論的貧困理論是不完整的理論。直到如今，富裕問題只是在少數作家筆下以漫畫形式出現，始終未能成為學者們的專題研究物件，財富與貧困二者之間關係的研究也一直缺位。僅以最基本的問題而言，不少富裕階層的致富方式，即他們的「登龍術」一般也處於祕而不宣的狀態，人們除了從那些不斷被曝光的貪污腐敗分子們的劣行中，想像富裕階層的「登龍術」之外，真還沒有辦法對當代富人們的致富之道進行深入的研究。就目前的情況看來，至少有幾個基本問題還沒被納入考慮範圍：富人們究竟是根據什麼道德法則進行生活？這種道德法則如何影響財富的攫取和使用？他們是用什麼思想與方式來保護自己的財富？（何清漣）

我非常希望經濟學是一種文學，不過絕大多數的經濟學家都希望它只是一種科學。希望經濟學成為科學的目的是要用它來解決問題；希望經濟學是文學的理由是讓它有一些純粹的閱讀或學習樂趣。我相信像我一樣有這種想法的人應該還為數不少，不過我們不可能改變經濟學的前途。退而求其次，這樣的少數人試著從文學或者其他

財富的
文化經濟學

文／劉瑞華

的文化形式中找尋一些經濟學家發言的空間，做為一種文化經濟學的理解。可能很多人不知道，經濟學家曾經研究過包姆（L. Frank Baum）的《綠野仙蹤》（*The Wonderful Wizard of Oz*），看出作者在這本童話作品中，表達了對美國在十九世紀末貨幣政策的看法。也有人藉著經濟學，分析荷馬（Homer）史詩《奧德賽》（*Odyssey*）中的英雄受到女妖歌聲的誘惑並非缺乏自制力，而是特殊條件下理性選擇的行為。

有些讀者未必同意對文學作品搞經濟分析的做法，不過我們卻有相當充分的理由，原因是現代社會裡文化與經濟的重疊性太高了。不會有很多人對黑洞或極小粒子是否存在抱持什麼意見，但是都會有一些對經濟的看法。很少人不曾想過，當我有錢了以後要做些什麼。不僅為自己

想，還會對別人有錢了以後的作為有意見。人雖然全部活在物理化學性質構成的物質世界裡，卻是靠經濟的思維將我們結合為一個群體。

顯然，財富是一個既是經濟，也是文化的主題。在經濟的領域裡，財富的定位非常清楚，是活動的誘因，是資本的來源，是消費的依據；創造財富是經濟發展恆久不變的目標。在文化的領域裡，財富的角色不只是功能性的，而是思想性的，財富的意義是由社會裡人們對財富的看法所決定的。財富的文化觀未必符合經濟理論界定的財富功能，不過如果我們相信這些文化觀念是影響人們行為的一種力量，那麼即使是最頑固、教條式的經濟學家，也不能否定經濟分析裡應該包含文化的成分。

各種的文化表現形式裡傳達了許許多多關於財富的看法，讓人不經意的沉浸在獨特的文化意見的薰陶裡，尤其是普及性較高的小說、電影等，常常能挾帶著對財富的看法影響讀者觀眾。我相信大多數的人從這些文學內容中接受財富觀念的程度，遠大於從經濟分析所得到的，即使是專業人士可能也不例外。一旦抓住了文學可以影響經濟的話題，經濟學者當然不能放過機會，嚴肅一點說，既然經濟的財富要受文化批判，文學中的財富意見當然應該接受經濟分析的檢視與批判；輕鬆一點來看，從事經濟分析的、追求經濟利益的也是人，也有閱讀文學的需要，讓我們試試用點經濟知識增加文學的樂趣。這就是我所指的文化經濟學。

文學的財富

在文學家的眼裡，文化與經濟似乎有兩種不能相容的價值標準，所以財富通常在文學中得不

到很高的評價。費茲傑羅（F. Scott Fitzgerald）著名的《大亨小傳》（The Great Gatsby）中，絢爛的大亨Jay Gatsby陷在錯誤的期待裡，以為他的財富能買回佳人的芳心。厄普戴克（John Updike）的《兔子四部曲》裡，停不下來的主人翁「兔子」當上汽車經銷商之後，開始過起富裕的生活，卻也是他真正徹底墮落的開始。更通俗一點的，狄更斯（Charles Dickens）塑造了一個為了財富放棄掉生命中一切美好事物的小氣財神（Mr. Scrooge），再多的錢也無法彌補心裡的遺憾，最後是在恐懼的威脅之下，用施捨金錢換得一點點安慰。奧森・威爾斯（Olson Wells）的電影《大國民》（The Citizen Kane）裡，垂死的孤獨老人在空蕩的豪宅裡嚥氣時，追悔回憶的是幼時玩的雪橇「玫瑰花蕾」。奧立佛・史東（Oliver Stone）在《華爾街》（The Wall Street）裡塑造的那位大聲說出「貪心是好事」的股市大戶，最後因內線交易犯法入獄。

相反的，文學家處理貧窮主題時，往往採取了同情與鼓勵的態度。狄更斯筆下擁擠的孤兒院與髒亂的街頭，充滿了險惡，但也是激發人性潛力的最佳背景。史坦貝克（John Steinbeck）在《憤怒的葡萄》（The Grape of Wrath）裡，讓一群被迫離開孕育生命之土地的人們，在離鄉背井的疏離環境中，釋放出親情與友情的光輝。老影迷也許還記得義大利新寫實主義的《單車失竊記》或《洛可兄弟》（Rocco and His Brothers），貧窮讓父子、兄弟之情更為感人。最殘酷的貧窮故事，要屬日本作家深澤七郎所寫的《楢山節考》。絕世而居的山谷中，村人們將金錢當成笑柄，然而在貧窮與飢餓的威脅下，村裡的傳統習俗要求將老人送上楢山等死，讓家裡稀少的食物留給新生命。

今村昌平導演的改編電影中，兒子背著母親上山的畫面裡洋溢了無限的奉獻與感恩，人性的光輝在極度的貧窮中昇華。

文學一方面否定財富，一方面同情貧窮，直觀上是有點矛盾的，畢竟解決貧窮的方法就是賺錢致富。有一種基於商業考慮的解釋是，或許文學基本上反映的就是中產階級的價值，不僅作者是中產階級，讀者也是中產階級，為了迎合最大讀者群的市場需求，文學裡的價值觀可以讓比上不足、比下有餘的讀者獲得心理滿足，安身立命。這樣說來，文學的表現成了市場經濟的產物，雖然是一種看法，但是過於簡化了小說創作的動機，實際上努力迎合讀者偏好的作品未必暢銷，更遑論可以獲得好的評論。用比較合理的一種角度看，小說裡批判的不是財富本身，而是獲得財富的方式，以及經濟活動的角色對人性造成的扭曲。

透過經濟學的理解，這些小說裡對財富的敵意是出自於特殊定見的。費茲傑羅描述的1920年代所謂的「爵士年代」背景下，偉大的Gatsby先生的財富極可能都是靠違法的勾當得來。厄普戴克讓「兔子」致富的方式是坐擁1970年代日本豐田汽車在美國小鎮上的獨家代理權，原本喜歡亂跑的「兔子」有了壟斷利潤之後，就只在高爾夫球場上漫步以及和別人的妻子偷情，當這份壟斷利益被取消後，「兔子」就只能在追悔中抑鬱而終。Scrooge先生做的是向窮人收租、放高利貸賺錢的行當，不管他的脾氣如何，注定是個壞人角色。電影《大國民》的報業大亨跋扈到捏造新聞，《華爾街》上不搞內線的交易員只好落寞地等退休，這些有錢人全都因為追求財富而迷失或

者浸淫在財富中而腐化。至於窮人角色，則都是大環境之下的受害者，讀者怎麼能不同情呢？

貧富差距的人文思考

如果讀者看到的是富人們為財富付出了辛勤努力、照顧了勞工就業，閱讀的情緒大概就很不一樣。諾里斯（Frank Norris）以美國鐵路發展為背景的小說《章魚》（Octopus）裡，自由而有尊嚴的農場主人們在鐵路公司的欺騙與壓迫下鋌而走險，步上悲劇結局。槍戰下倖存的詩人來到舊金山，想替他的朋友們向邪惡的資本家討回公道。當他走進夜後的大樓，看到的是鐵路企業家在辦公室裡專注的挑燈工作，聽到的是鐵路公司的經營維繫著成千上萬員工與小投資人的生計。至此，讀者的心情可能與那位曾經撰寫過歌頌勞動者詩篇的正義使者一樣，僵立在那裡，無言以對。

雖然經濟環境越來越好，但是文學裡對財富持正面看法的小說，還是少之又少。依據經濟學家麥克羅斯基（D. McCloskey）的說法，當代只有一本夠格的小說對企業家持正面看法，那是英國作家羅奇（David Lodge）所寫的《Nice Work》。書中的主角還算不上大富，只是工廠的總經理，在經濟不景氣與枯燥的家庭生活壓力下，還要面對工廠裡紛擾的人事。當女主角以文學教授的身分來到工廠擔任顧問時，一開始的困擾逐漸成為企業家無趣生活裡唯一的清新空氣。《Nice Work》的主題其實正是延續著書中女主角在大學裡研究的英國「工業文學」傳統。故事的結局是兩人之間短暫的火花終究無法融合不同的世界，經濟景氣還會復甦，生活還要繼續下去，不過，資本家

的形象在文學家眼中有一點改善。

「工業文學」起源自工業革命後貧富差距所引起的人文思考，代表作要屬與狄更斯同時的作家嘉斯凱爾夫人（Elisabeth C. Gaskell）所寫的《北與南》（North and South），背景是工業革命之後的英國，南部的封建傳統秩序已經因為北部工業的崛起而改變，女主角的父親必須帶領一家人到飽受工業污染的北部都市求職，成為男主角的家庭教師。書中的男主角是在寡母的嚴格調教之下，辛苦經營成為事業有成的工廠主人，在堅毅冷酷的資本家形象背後仍保有一顆憐憫之心。在追求女主角的過程裡，他逐漸認識到窮人的世界，讓無法融合的勞資階級間的對立產生了稍微的溝通。比起狄更斯，嘉斯凱爾夫人對財富的看法比較持平而且細緻。

要談小說裡的財富觀念，絕對不能漏掉作家蘭德（Ayn Rand），她的小說正好能印證上述論點。蘭德可說是完全站在富人那邊說話的小說家，她特立獨行的生活風格雖然讓許多文壇人士不屑與之為伍，但是卻以兩本大作擁有龐大的讀者。她生前公然承認崇拜金錢，並且選擇美元符號做為她喪禮的標誌。不過，在小說《Fountainhead》裡，蘭德的主角是具有無限的創意，但不願屈從世俗的窮建築師，他的對手則是剽竊別人作品，為達目的不擇手段的同窗好友，這樣黑白分明的人物設定其實完全不在擁護財富。

在《阿特拉斯聳肩膀》（Atlas Shrugged）這本小說裡，蘭德逼問，是誰讓世界轉動？她甚至讓一群有錢人從社會上消失，用資本家的罷工行動告訴讀者，主宰這個世界的是有錢人。然而，貫

穿全書的神祕人物John Galt並不是有錢的資本家，而是創造者、行動者，甚至還曾經穿梭於勞工階級之中。相反的，要妨礙競爭、扼殺創意的人也是有錢的資本家，是一批執意維護既得壟斷利益的資本家。細心的讀者其實不難發覺，即使是蘭德這樣歌頌財富的文學家，也不是贊成財富本身，而是在宣揚獲致財富的創造力。

當我們要對獲致財富的手段做判斷時，就有必要踏入經濟學的領域。即使是經濟學家，如果不是刻意矯情的擺出價值中立的態度，基本上會接受文學裡的財富價值觀，我甚至認為真正了解經濟學裡財富本質的人，可以更清楚的認清文學家的價值觀，而更能欣賞這些文學。

經濟學的富裕

經濟學的誕生其實就是為了理解財富的本質。經濟學之父亞當·斯密（Adam Smith）寫的傳世之作《國富論》（*The Wealth of Nations*）裡，最重要的論點之一，就是批駁有人誤以為金錢是財富。斯密解釋，金錢只是財富的一種形式，真正創造財富的原因是「生產」。這個觀念奠定了經濟學的基礎，因此我們用國民生產毛額（GNP）的增加率來表示經濟成長，用平均國民生產毛額來衡量國民的富裕程度。斯密也相信，自由競爭的市場是創造國家富裕的最大力量。

在亞當·斯密創建的經濟學裡，生產才是財富，勞動才是經濟價值的來源，坐擁土地或金銀的人對社會少有貢獻，不事生產的人總有坐吃山空的一天。當然，個人的財富並不是毫無用處，而是必須用於生產，也就是要用來投資，成為資本，才能創造價值，帶來富裕。因此，積極使用財富從事生產的資本家與沉迷逸樂四體不勤的暴發戶，在經濟學的世界裡扮演著不同的角色。在這裡，經濟學家顯現出了價值判斷，而且這種價值觀其實很像傳統的工作倫理，也很符合文學裡的人文思想，這就是麥克羅斯基所謂的「資產階級美德」（bourgeois virtue）。

工作倫理的價值觀完全表達在「效率」這個術語裡，成為經濟學最高的評量標準。勞工應該努力工作，提高個人的效率；資本家應該精打細算，提高資產利用的效率；企業應該致力管理，提高員工的效率。不僅如此，透過效率的追求，工作倫理的價值觀還延伸到經濟學對市場的評量。自由競爭的市場因為能提升整體資源使用的效率，所以是經濟學希望達成的理想目標；而獨占壟斷的市場因為導致效率的損失，所以應該除之而後快。面對貧富懸殊的對比，經濟學家也會如平常人一樣有感性的一面，不過我們只能表現出理性的一面，用看似價值中立的效率來傳達勤奮努力的工作倫理。

經濟學裡比較大的觀念歧異是出在資本的性質，以及市場的作用。由於對資本與市場有不同的見解，馬克思（Karl Marx）的理論表達出了無產階級的痛苦。在馬克思看來，資本不僅用於生產，也用於宰制勞動，市場則是資本家掌控財富分配的遊樂場。因此，財富未必是努力生產所得來的，而是資本家剝削勞工的結果。這種解釋在根本上完全承襲古典經濟學的勞動價值觀，其實推崇的還是工作倫理，所不同的是在於反對市場經濟的極端立場。有人看市場經濟是讓個人能力

得以發揮的自由樂土；有人看市場經濟是壓迫剝削的罪惡淵藪。無論如何，財富是市場經濟裡眾人追逐的目標，它有可能是勤勞上進的動力，也有可能是犯罪墮落的原因。究竟如何，關鍵在於市場經濟的遊戲規則是不是能維護正面的價值觀。其實，文學中對財富的批判未嘗不是對社會制度的抗議？

現實中的富翁

文學創作的重心放在特殊的個人身上，然而現實世界中財富往往是制度的產物。我們當然不能否定個人的意志與能力，畢竟任何制度之下，都有特別會賺錢的個人。不過，制度的影響是一個時代、一個社會裡每個人賺錢的機會。機會雖然並不是制度帶來的，而是來自於環境的變化，可是制度可以限制變化，所以影響了獲得財富的機會。現實中的豪門巨室通常是能夠在適當時機掌握住特殊的機會而建立起基業的，在歷史上我們可以看到許多例證。

歐洲的富豪羅斯契德（Rothschild）家族最早是靠著替威廉九世強徵苛歛而起家的，即使封建王室垮台後，十九世紀逐漸成形的資本市場還是可以讓這個家族運用資金貸款給各國的落難貴族，成為富可敵國的金融世家。十九世紀美國的首富凡德堡（C. Vanderbilt）與摩根（J. P. Morgan）等人，藉著新興起的鐵路事業崛起，再拿著飆漲的鐵路公司股票進入資金市場，轉往金融業發展。二十世紀的洛克斐勒（John D. Rockefeller），其財富隨著汽車與公路的延伸而不斷擴大。進入二十一世紀之前，由於電腦的使用無遠弗屆，擁有視窗軟體的比爾・蓋茲（Bill Gates）被推上世界富翁排行榜的第一名。市場經濟的發展提供了讓技術創新與金融資本發揮的最大空間，讓這些人得以大富大貴。當然也有人在市場經濟中暴起暴落，激烈競爭的市場環境裡必然有贏有輸，有機會，還要看人能不能掌握。

現實世界裡的富翁應該會比文學裡的人物更能影響社會的價值觀。人們從他們致富的方法裡，判斷這個社會是否帶給大家公平的機會，以及該用什麼方式賺錢。不過，評判現實人物的財富，要比文學世界裡更困難，我們對於真相的了解通常不足以讓現實人物得到公道的評價。比爾・蓋茲的微軟公司被美國司法部起訴的案子仍在纏訟，社會輿論的看法卻無可避免的受到他這位世界首富的身分所影響。當控告微軟公司壟斷市場的消息見報時，不少視窗使用者視為意料中事，可是其中有幾個人真的了解起訴理由？比爾・蓋茲的財富是來自創新與管理，還是壟斷與剝削，連法官也難判決。

難以得知富翁的財富如何得來，不過我們常常可以看到一些富人死後財富怎麼使用。史丹福（Stanford）、凡德堡這兩位美國歷史上有名的鐵路大亨，生前並未得到輿論的好評，死後卻能留下兩所分別以其命名的大學而流芳百世。美國許多巨富家族成立基金會，的確將財富用於社會公益或藝術典藏。現實一點看，財富的意義不僅在於如何得來，也在於如何使用。 ■

本文作者為清華大學經濟系教授。

幾年前，內人和我決定把房子賣掉。該賣多少我們完全沒概念，於是我打電話給一個房地產仲介商朋友。朋友說我們這一帶才剛賣掉兩棟類似的房子。一棟賣了十七萬五千元，不過乏人問津，拖了快一年才賣掉；另一棟賣了十三萬元，

金錢能買快樂嗎？

從樂透到暴富症候群

文／勞勃‧勒范恩（Robert Levine）
譯／林大容

才掛出去幾小時就被買走了。現在我們已經知道價碼的範圍，接下來就得決定數字。該以十三萬、十五萬，還是十八萬把房子賣掉？我們夫妻都是生平首度得思考十幾二十萬元的事情，對於價錢始終拿不定主意，最後我們其實是胡亂決定，開價十四萬九千元。

第一個出價的人開得很低，十一萬。我們不但拒絕，而且覺得這價碼太侮辱人了。說到底，我們又不是不知道，這房子至少至少，可以多值個兩萬美元。問題是，其實如果三天前我們的仲介告訴我們，這棟房子所值要高或低百分之五十，我們可能都會輕易接受呢。

然後又有其他零星的出價，沒有一個符合我們的要求，不過都在底線以上。考慮這些出價時，我們赫然意識到，自己所考慮的降價金額通常都是以千元為單位。有個買家出價少了「十」

（單位當然是「千」），我們想著究竟應多要個「五」，還是該討價「八」，等他們砍成「四」，然後我們再喊「六」？或者我們該堅持原來的出價，但替他們換值三千元的新地毯？後來我們決定多要「五」，他們還價為「一」。我們跟自己的仲介點點頭，且假設買家也在同一刻做同樣的事情，然後用有教養的語氣建議雙方各讓步一千元。退讓這一千元對我們而言，就像給掉一片口香糖那麼輕易。

那天晚上，我們的仲介來拜訪我們，買家拒絕了我們的折衷方案。他們姿態很硬，而且他們的仲介傳話說，如果我們再多要一個子兒，交易就算吹了。我和太太同時吼回去──也被彼此的貪婪嚇到了──「絕對不行！」這些傢伙以為他們是誰？還想從我們這裡多詐一千元？我們和買家都互不讓步，僵持了將近一星期，他們不肯出到十四萬一千元，我們不肯讓到十四萬。我相信他們跟我們一樣，其實都不清楚自己是怎麼訂出這個數字的，但現在突然間雙方卻能這麼篤定這棟房子該值多少。

最後是仲介打破了僵局，兩人都自願少拿五百元費用。事實上，我們的仲介後來告訴我們，這類僵局相當常見。「在這類談判的某個時刻，人們腦袋裡好像都得到了一個底線數字，一旦如此，他們就不肯再退讓了。」她說。

這次事件中最值得注意的是，在我心中，這

個決定的重要性和牽涉的金額多寡無關。幾天過去之後，不管牽涉的是兩萬元或一千元，其實都一樣，我似乎都會花上同樣的努力和關注，而我們的得失也以同樣強度讓我愉快、後悔，或（還不算少見）焦慮。尤其若是有金錢損失更是如此，被騙就是被騙，多少錢都沒差。損失就是損失，沒什麼好說的。

有意思的是，人類可以毫不費力且不露痕跡的，在心中轉換如此截然不同的金額水準。但同樣不可思議的是，就在賣掉房子幾分鐘之後，我到超級市場買東西。當我伸手去拿一個採購單上本來要買的花椰菜時，看到上頭標示著每磅一塊九毛九，比另一家超市整整貴了一倍。太貴了吧！想都沒想，我憤慨的把花椰菜放回去，繼續找別的價錢更好的蔬菜，忘了自己本來打算要買的其實是花椰菜。

目睹自己的荒謬行徑，一部分的我嘲笑著自己——我承認自己對那顆花椰菜多付九毛九的反應之強烈，甚於兩個星期前那個事關上萬元的決定，也甚於一星期前我對兩個素未謀面的陌生人滿不在乎地降價一千元。但不管怎樣，我就是為了省一點小錢，而放棄那顆價格過高的花椰菜。

富有：跟什麼比？

我們對財富，也採取了類似的心理算術。我們實際擁有的金額多寡其實並不重要，重要的是，「我們擁有多少」和「我們期待擁有多少」之間的差距有多大。

我有個朋友藍尼，每次遇到任何判斷的問題，都會習慣性的說：「跟什麼比？」這種習慣實在有夠討厭，但問題本身卻具有偉大的心理學智慧。幾乎我們生活中每個面向的價值評估，都是相對性的問題。你對你的生活、婚姻、工作、晚餐感到愉快嗎？要回答這些問題之前，若不先建立一個偉大的人類基準：「跟什麼比？」那麼任何回答都可能會是毫無意義的。畢竟，除了極端的狂喜與抑鬱之外，若不跟其他事物比較，我們要如何評估生活中的一切？

藍尼的哲學用在金錢上更是再真實不過。孟肯（Henry Louis Menchen）曾將富有定義為：「年收入至少比連襟（老婆姊妹的丈夫）多一百元者。」在缺乏絕對標準的情況下，我們藉著對照而得出富有的定義——跟同輩比較，跟我們昨天所擁有的比較，跟我們預期今天所應擁有的比較。如果實際所得超出預期，我們就有所得；若是不如預期，我們就有所失。快樂不是用絕對的數字來算，而是用得失間的比率來算。

但問題在於：研究顯示，由得而來的快樂往往是短暫的，只要到手，我們就會調整自己的預期，更新為更高的水準，然後我們必須超越新的水準，才能得到快樂。這也就是心理學家所說的調整水準原則（adaptation level principle）。

我們來看看樂透彩券中獎者的例子。社會心理學家布瑞克曼（Philip Brickman）和他的同事曾訪問過二十二個美國樂透彩券的頭獎得主。長期而言，這些中獎者並不比中了頭彩之前更快樂。對大部分得獎者來說，剛中獎時當然興高采烈，他們會說些典型的感言，比方說：「贏得這個獎是我這輩子碰到過最棒的事情之一。」但這種感覺通常幾個月後就會逐漸消退，而中獎者則回到

他或她原來的快樂水準。在興高采烈之後，中獎者發現他們的預期水準改變了。他們表示，很多以前讓他們樂在其中的事情，比方吃一頓大餐或讀一本好書，現在變得沒那麼愉悅了。

財富增加，卻只感受短暫快樂的，不只有中獎者。最近迪納（Ed Diener）與畢瓦思－迪納（Robert Biswas-Diener）針對金錢與快樂之間的關係，做了一個更廣泛的調查，發現那些經歷過任何形式收入增加的人，長期而言都不比以前快樂。事實上他們發現，一個國家經濟水準的成長，很少伴隨著長期的快樂成長。比方有個研究是針對1958到1987年的日本，且不論在這段期間，日本從全世界最貧窮的國家之一躍升為全世界最富有的國家之一的事實，日本人整體的快樂水準，並沒有大幅的改變。

對比效應可以輕易的解釋這一點。各種數據指出，當我們所得到的金錢增加，就會迅速調整自己的渴望。一些調查顯示，當美國人被問到，他們所認為的「美好生活」包括些什麼，結果從1975到1991年，勾選「度假屋」的比例增至百分之八十四。而從1987到1994年，美國人認為他們用來「實現所有夢想」的收入，從五萬元增加為十萬二千元。1995年一項針對年收入超過十萬元的美國人的調查中，有百分之二十七的人說他們沒有足夠的錢購買所需的所有物品，百分之十九的人說他們幾乎把所有的錢都花在購買基本的日常必需品，百分之六十一的人說他們心中總有一些想買的東西，而百分之二十七的人說他們常常夢想自己想要買的東西。平均來說，人們心中想買的東西總維持在六種以上。

「即使成就會讓我們感到滿意，這種滿意也會消退，取而代之的是新的不足為奇之感和新的挑戰水平。」那位美國樂透彩券的研究者說。如果讓你贏得樂透彩券，一年後你會有多快樂？也許跟中獎之前差不多，改變的只是你的比較基準罷了。就像一個社會學家所觀察到的，「快樂並非來自富有，而是『變得富有』那一刻的短暫感覺。」

新負擔

而更糟的是，新的財富會帶來預期之外的負擔。一個針對英格蘭足球樂透彩券得主所做的研究發現，很多中獎者辭掉工作，搬離原來居住的地區。結果他們因失去了很多老朋友而不快樂，產生了社會孤立的徵候。還有幾個人和親友產生了新的摩擦，因為這些親友自認該分到更多獎金。

任何收入的暴增都可能造成問題。想想才兩年之前，美國股票市場大漲，很多人累積了他們怎麼樣都想像不到的利潤。新的百萬富翁以史無前例的速度被創造出來，然而其中許多人了解到，他們的新財富完全不像預期中的童話故事。矽谷的心理學家就碰到了太多由此衍生的問題，因而創造出「暴富症候群」（sudden wealth syndrome）這個名詞。

一個典型的患者表示：「我以前生活比較簡單，也比較快樂。倒不是說我現在多麼悲慘，但你很難跟別人訴說這類轉變。其他人只會想，『閉嘴！你擁有人人夢想的一切。』但他們不明白的是，這類改變通常都頗艱難，有時還很痛苦。」另一位洛杉磯企業家，在打拚多年並賣掉自己的公司後，一夜之間多出了千萬元身價。一開始，

他去瘋狂大採購，買了一大堆新車和一棟幾百萬元的房子。但不久之後，他就開始擔心，財富會來得快去得也快。他也發現和老朋友們之間出現了隔閡，他不好意思和他們談論任何跟金錢有關的事情。「現在我們每年的財產稅，是舊房子年貸款的兩倍，」那位經理人說，「這種事，你要怎麼跟別人說？」

倒不是說，這些百萬富翁們想放棄他們得到的安逸生活，只是他們沒料想到會有新的問題伴隨財富而來。

金錢有多美好？

金錢是美好的，愈多愈好，這個假設是一般人大都同意，而且毫無疑問接受的，以至於似乎成了一種人類本能。從演化的觀點來看，這個假設當然很合理。畢竟，食物、居處和其他基本資源都是存活所需。在這種情況下，長久以來人們累積資產的動力不斷增強，也就不難理解。

但大部分閱讀這篇文章的人所擁有的金錢，要滿足自己生活的最低所需，應該都沒問題。今天這個「已開發」的社會中，累積財富的目的，通常不是為了填飽肚子，而是為了要買些新玩意兒，或新汽車，或者新的家庭用品。「我們所生活的時代，」多年前王爾德（Oscar Wilde）曾說，「唯一的必需品就是非必需品。」對我們很多人來說，財富不只是為了生存，更為了尋求快樂與幸福。

但錢能買到快樂嗎？數以百計的研究都將焦點集中在這個老掉牙的問題上。研究涵蓋的對象極廣──不同文化、種族、職業、人格類型，但共同結論都是：收入最低、無法負擔食宿的族群，活得最不快樂。當窮人不好，但是一旦滿足了生活的最低標準，金錢與快樂之間就沒什麼關聯了。勉強能餬口的人，未必會比衣食無缺的人來得不快樂；中等階級和上等階級間、或是富裕和超級富裕之間，快樂的程度也不會有多大的差別。

迪納和畢瓦思－迪納的研究結論還有一點值得注意：最不快樂的，是那種太專注於金錢和擁有財產的人。另一方面，愈是注重愛與關懷的人，則往往遠比其他人快樂。在全世界任何國家，都有同樣的發現。

最後，研究顯示，一項損失所帶來的痛苦，遠甚於同等金額的獲利所帶來的愉悅。失去一百元所造成的不舒服，甚於得到一百元所感受到的快樂。這在我們日常生活中也是事實。比方說，研究發現，壞事比好事對我們整體的幸福感有更長遠的影響。一項支持此論點的研究發現，如果前一天很美好，對於我們隔天快樂與否沒有顯著的影響，但如果前一天很糟，就會加重我們次日不愉快的傾向。

換句話說，擁有財富無助於提升滿足感，你有多少錢並不那麼重要。如果你太重視數字，你對「沒有」所感到的痛苦，可能會超過你對「擁有」所感到的快樂。就像民歌手鮑布‧迪倫（Bob Dylan）的歌詞，「當你一無所有，你就一無所失。」站在心理學的立場，這句話的確是金玉良言。　　　　　　　　　　　　　■

本文作者為美國加州州立大學佛瑞斯諾分校（California State University, Fresno）心理學系教授，著有《時間地圖》（A Geography of Time）。

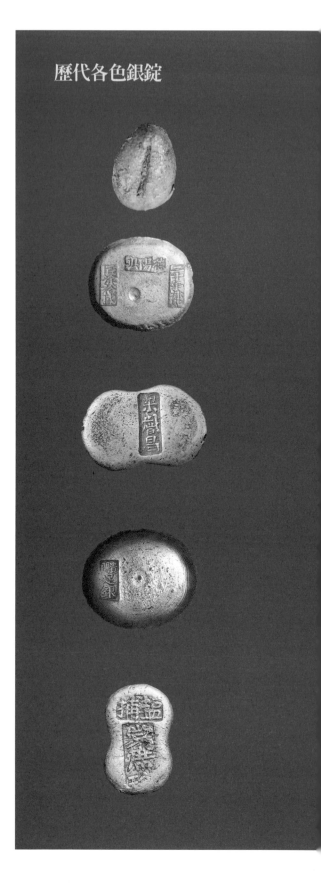

歷代各色銀錠

「穿金戴銀」、「銀貨兩訖」是我們在生活上常常聽到的習慣用語。自春秋中葉以來，白銀已陪著華夏人民走過兩千多年的歷史了。這一段漫漫長流的演變，雖然在幣制、造型、平碼和成色上，不同的時期和歷史階段，白銀皆有其地域和流通上的限制，但對於做為財富的象徵，歷來則

中國人的
白銀財富觀

文‧圖／林崇誠

有其一致性；至於對財富的觀念，它明確地表現在白銀的使用上，這些不同的價值觀，歷歷表現在我們的日常生活、文化藝術、商業往來和人際關係的互動上。

每逢送歲迎新，我們在市集和商場上，常常會看到「財神送寶」及「童子戲寶」等吉祥圖案，銀元寶做為財富的象徵，早已深深融入我們的文化和民俗之中，而這種融合往往體現在象徵豪華、富裕、好運和尊貴等日常的生活上。

「瑤台銀闕」是白銀用來象徵豪華的最好例子。元‧高明《琵琶記‧中秋望月》裡曾經提到：「單桂飄香清思爽，人在瑤台銀闕。」以銀闕來比喻仙家豪華的宮殿，這是中國人對追求穩定富麗居家的一種實際體現，而以銀象徵這種渴望，使得白銀在中國人的日常生活中變得更具美

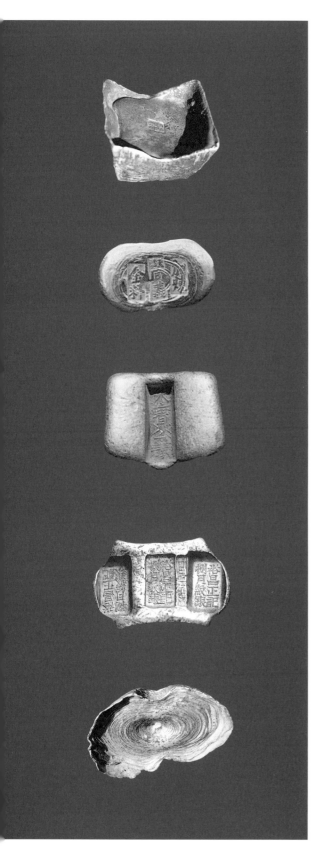

景和奢華。

　　至於白銀做為富裕的象徵，在一些文學的著作上，更是屢見不鮮。《老殘遊記》十三回中提到：「俗說『萬貫家財』，一萬貫家財就算財主，他有三萬貫錢，不算個大財主嗎？」古代人們習慣用繩索將一千個制錢（方孔錢）穿成一串，稱為一貫。在明、清時代，一兩白銀約相當於一千個制錢，亦即等於一貫，因此，一萬貫家財就是萬兩白銀之家，白銀萬兩就算是財主，這也是以白銀的價值來表徵財富的一個具體實例。另外，我們常常聽到「白花花的銀子」、「銀光閃閃」等民間的常用詞語，在在都是將白銀表喻成財富的象徵。

　　元寶，除了少數以金鑄造的之外，一般來說，都是指銀元寶。元寶、銀錠、白銀、銀兩和銀鋌，事實上在民間的使用裡，指的都是白銀。歷來不管是商賈、政治人物、平民百姓，無一不把元寶這種白銀鑄造的貨幣，做為好運氣的表徵，如清代各銀鋪的開爐銀（還保存在日本造幣局內）、八國聯軍時期被日本掠奪的明代鎮庫寶銀等，都是當時用來祈祥求福和避邪鎮庫之用。因此，白銀的使用在中國人的象徵意義中，更代表了好運和吉祥。

　　我們常常以「銜著銀湯匙出世」來形容一個人出生在尊榮之家，事實上，中國人早已將身安富有、尊貴榮耀的期許，與形容白銀所代表的富有結合在一起。1970年於西安市南郊何家村窖藏出土的古物，除了唐代刻花塗金銀蓋碗、刻花鎏金蔓草紋銀盒和華麗的鸚鵡紋銀罐等銀器外，更有唐代隸屬少府監「金銀作坊院」所製造的「官

作」皇家御器。朝廷以白銀製作禮器或皇家用品，這是中國古代以銀表徵尊貴榮華的最佳實證。

除了白銀象徵的意義之外，中國歷代在使用白銀的觀念上，亦有不同的價值觀，而這些不同的使用動機，往往編織成中國商業交易、義行、賄賂、賞賜和花錢消災等各式的人文文化。

在一些敘述清代和民國時期的電影裡，我們常在戲裡一些南北商店，看到「銀貨兩訖」的字樣，因為當時是用白銀交易，因此，白銀可以做為商業交易的價值，就變成當時重要的財富觀。著名的歷史小說家高陽在《燈火樓台》第一冊裡曾提到：「『是的。不過古老爺要，當然特別克己。』朱鐵口說：『四樣東西，一共算二百兩銀子好了。』」這就是白銀用來從事商品買賣一個明顯的案例。此外，白銀不但可做為貨物的交易之用，也常用來做為人口買賣的工具和報酬，《金瓶梅》第十回提及：「用五兩銀子另買一個小丫頭，名喚小玉，服侍月娘；又替金蓮六兩銀子買了一個……名喚秋菊。」人口買賣是不太道德的行為，但在傳統的中國社會裡，曾經是一種普遍的交易行為，而以白銀做為回報，確是這種交易的重要動機。我想在中國人使用白銀的歷史裡，做為可以購買商品或從事商業買賣的貨幣，是白銀做為財富最重要的價值觀之一。

《三國演義》第五回：「此間有孝廉衛弘，疏財仗義，其家巨富；若得相助，事可圖矣。」從這部歷史名著裡，我們可以看到財富另外一個重要的價值就是可以疏財仗義。這種義行所產生的價值，無論是出於善心，還是像胡雪巖資助「鹽

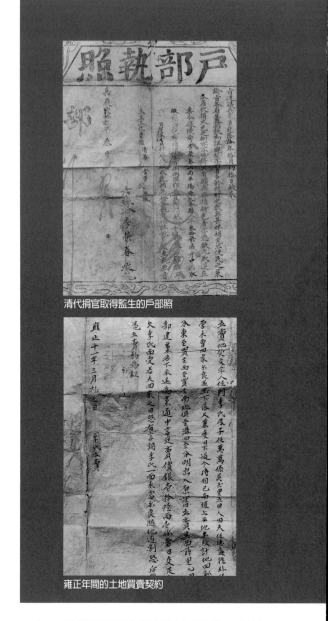

清代捐官取得監生的戶部照

雍正年間的土地買賣契約

大吏」王有齡五百兩白銀到京城「投供」這種投資的心態，都是國人在使用白銀時，一個重要的動機和財富觀。

「錢可通神」是中國人將白銀做為賄賂工具的重要財富觀。唐·張固《幽閑鼓吹》卷五十二：「唐張延賞將判……一大獄，……明旦覆帖云：

『十萬貫。』遂止不問。子弟乘間偵之。張曰：『錢十萬，可通神矣！』十萬貫相當於十萬兩白銀，這個犯人勢必是犯了滔天大罪，才需要這麼多的白銀去擺平這件事情。白銀做為賄賂的工具遠在漢、唐時期，就已深入中國人際互動的關係裡，它在我國無論哪一個朝代，在賄賂方面都扮演著一個非常重要的角色。清代的情形也是這樣。高陽《胡雪巖》上册：「據說黃宗漢在第一天接見椿壽時，就做了個暗示，椿壽的『紗帽』在他手裡，如果想保全，趕快送四萬兩銀子的『紅包』過去。」這個描寫清代官場文化的著名小說，無論情節是否屬實，都是國人將白銀用於賄賂之途的財富觀。

獎學金是一種獎勵的機制，企業經營上的銷售佣金和年終獎金亦屬於類似的性質。白銀的情形也是如此。做為我國貨幣的使用，無論在獎勵、賞賜或贈與方面，白銀始終扮演著非常重要的角色。如楊顯之《臨江驛瀟湘秋夜雨》第一折，張天覺云：「如今沿途留下告示，如有收留小女翠鸞者，賞他花銀十兩。」此外，高陽在他的《紅頂商人》一書中也提到：「曾國荃後來才知道真相，吩咐賞那八家樵夫，每家一百兩銀子。」白銀既是一種財富，以財富的贈與來做為獎勵的手段，自然能達到獎勵的目的，所謂重賞之下必有勇夫，便是白銀做為獎賞之用的財富觀。

白銀在我國做為貨幣的流通，其用途實在是非常廣泛，舉凡聘禮、餽贈、賠款、薪資、罰款、稻穀折色和賦稅等，無一不和白銀的使用有關；今天我們從中國人使用白銀的角度來看他們的財富觀，應該要重視的不是它的用途和今天有什麼不同，而是在兩千多年的歷史過程中，使用它的動機和理念，是否在效益和道德的標準上有所提高。　　　　　　　　■

1 唐代金銀器可以分爲「官作」和「行作」兩類，一般金銀器以官作爲主。所謂「官作」，即是官家的手工藝所製造。

本文作者爲Asia Wired Group副總經理。

錢神論　　文／晉・魯褒

錢之為體，有乾坤之象，內則其方，外則其圓。其積如山，其流如川。動靜有時，行藏有節，市井便易，不患耗折。難折象壽，不匱象道，故能長久，為世神寶。親之如兄，字曰孔方，失之則貧弱，得之則富昌。無翼而飛，無足而走，解嚴毅之顏，開難發之口。錢多者處前，錢少者居後。處前者為君長，在後者為臣僕。君長者豐衍而有餘，臣僕者窮竭而不足。詩云：「智矣富人，哀此煢獨。」

錢之為言泉也，無遠不往，無幽不至。京邑衣冠，疲勞講肆，厭聞清談，對之睡寐，見我家兄，莫不驚視。錢之所祐，吉無不利，何必讀書，然後富貴！昔呂公欣悅於空版，漢祖克之於嬴二，文君解布裳而被錦繡，相如乘高蓋而解犢鼻，官尊名顯，皆錢所致。空版至虛，而況有實；嬴二雖少，以致親密。由此論之，謂為神物。無德而尊，無勢而熱，排金門而入紫闥。危可使安，死可使活，貴可使賤，生可使殺。是故忿爭非錢不勝，幽滯非錢不拔，怨讎非錢不解，令聞非錢不發。

洛中朱衣，當塗之士，愛我家兄，皆無已已。執我之手，抱我終始，不計優劣，不論年紀，賓客輻輳，門常如市。諺曰：「錢無耳，可使鬼。」凡今之人，惟錢而已。故曰軍無財，士不來；軍無賞，士不往。仕無中人，不如歸田。雖有中人，而無家兄，不異無翼而欲飛，無足而欲行。

安息吧，布哈林！

文/薛綬

1925年，蘇聯經過革命勝利後七、八年的戰亂，總算喘過氣來，於是人們紛紛考慮蘇聯今後發展的前途。列寧在上一年去世，革命失去了統帥，黨內思想也有了相當程度的活躍。俄共中央打算召開第十四次代表大會，解決發展前途問題。這時，一位資深共產黨人，俄共中央領導人布哈林(Nikolai Bukharin)在1925年4月17日的莫斯科黨組織的積極分子會議上說：

「應當對全體農民，對農民的所有階層說：發財吧，積累吧，發展自己的經濟吧！」

他也不只號召農民發財。照他看來，俄國當時之所以能度過革命後的戰亂難關，正是由於：

「我們開放了商品流轉，這樣，就有可能去發揮私有小生產者的經營興趣，刺激生產的擴大，通過實行形式上和過去（按：指革命前）一樣的工資制度——計件工資制等等，調動工人落後階層的個人主義的刺激因素為社會主義服務，因為他們前進的動力不是共產主義思想，而是私人利益；我們使大家這樣工作：讓無產者以自己的私人利益為出發點去促進整個生產的高漲。」

俄共領袖之一的布哈林公然主張對勞動者實行物質刺激，乃至號召他們「發財吧」，這在整個共產世界掀起一場大鬥爭。從上世紀二〇年代開始，這場鬥爭廬續了半個多世紀。

被中國共產黨人目為「馬列主義百科全書」的《聯共（布）黨史簡明教程》，在四〇年代從史達林主義的立場總結說：

「布哈林……偷偷地用自己的資產階級和平長入社會主義的『理論』來同黨的方針對抗，並用『發財吧』的『新』口號來補充自己的『理論』。照布哈林的說法，社會主義的勝利不是消滅資產階級，而是培植資產階級並使之發財致富。」

於是，在後來的十四次黨的代表會議和稍後的十四大上，自然譴責了「這些投降主義『理論』」。不過，在十四大，史達林還有更重要的政敵要解決，布哈林並未成為主要攻擊物件。直到兩三年後，他才對布哈林的這類主張發動了殲滅性的打擊。史達林在1928年的一次會上明確指出，這類右傾分子是富農在黨內的代理人，而「如果右傾在我們黨內獲得勝利，就會放縱資本主義勢力，破壞無產階級革命陣地，增多資本主義在我國恢復的機會」。過不了幾年，布哈林被攆出黨中央政治局，還被逼作出檢討說：

「在這場爭論中……我們的觀點已經證明是錯誤的。我們認識到了自己的錯誤……」

事實上，隨著史達林「消滅富農」政策推行中種種問題的產生，布哈林同史達林的鬥爭並未銷聲匿跡。一個美國作家後來分析：「反布哈林主義現在已經成為史達林主義的思想意識中一個不可分割的組成部分了。」（科恩《布哈林與布爾

什維克革命》〔Stephen F. Cohen, *Bukharin and the Bolshevik Revolution*〕）終於，到1937年，史達林對這個號召人民「發財吧」的黨內右翼領袖發動總攻擊，提出了一個長達八百頁的起訴書，說他達不到讓農民「發財」的目的後，在史達林實行的集體化時期組織「富農造反」，毒死牲畜，陰謀使城市居民得不到消費品供應，而布哈林之流爲此採用的一個手段，居然是指使他們的代理人把玻璃混到食品裡。最後，對布哈林等人的結語是：「一群沒有任何原則和思想的殺人兇手、間諜、異端分子和破壞分子」，「是最卑鄙、最低級、最不足掛齒和墮落者中最墮落的罪犯」。結局自然只能是「殺無赦」。

布哈林一案直到六〇年代赫魯雪夫執政時才開始翻過來。不過，當時人們較少翻他「發財吧」口號的冤案。儘管事實上赫魯雪夫實行的是類似布哈林的經濟政策，但他顧忌由此涉及對集體化運動合法性的整體評價，由此麻煩很多。但不論如何，誠如美國作家科恩在七〇年代所說：「今天反史達林主義的共產主義──不管用什麼名字──從精神上說還是布哈林的東西，這的確是耐人尋味的。」

應當說，布哈林未遂的主張，以及史達林死後赫魯雪夫來不及徹底翻案的種種憾事，倒是一度在中國大陸實現了。六〇年代的文化大革命，隨著批判劉少奇運動的發展，中國大陸掀起了批

判「物質刺激」的高潮。1966年11月《解放軍報》一篇社論指出，「立公，必須破私。」要破除「私」，自然更要反對「發財」。1967年1月《人民日報》和《紅旗》雜誌社論進一步指出，當前反動分子的一個「大陰謀」，「就是用經濟福利的

蘇維埃革命九週年時，人群圍觀列寧銅像。　Corbis

『糖衣炮彈』來誘惑一部分群眾」，這就是「任意揮霍國家財富，隨意增加工資、福利，濫發各種經費、物資……」，「這種經濟主義……是從老修正主義和現代修正主義的垃圾堆裡撿來的破爛」。

同年8月，《文匯報》等又發表社論批判劉少奇的「按經濟辦法管理經濟」的主張，說：「這就是『利潤掛帥』，一切爲賺錢，賺錢就是一切。」「這就是銅臭熏天的『物質刺激』，……是一把殺人不見血的軟刀子。」既然上面已指出「發財吧」是「老修正主義的破爛」，於是，中國的布哈林問

題專家以後爲文進一步指出，劉少奇這些話「完全是妄圖以『物質刺激』爲誘餌，欺騙廣大群眾跟著布哈林一夥向資本主義和平演變」，「社會主義蘇聯蛻化爲社會帝國主義的歷史充分證明，物質刺激這把鑰匙只能打開復辟資本主義之門，絕不可能眞正促進社會主義經濟的發展。」（《機會主義、修正主義資料選編·布哈林議論》）

俱往矣！大家知道，1988年底以後，鄧小平在中國正式指出：「讓一部分人先富起來。」2001年江澤民的「七一」講話又正式提出，擁有個人財富的私人企業家在承認黨章的條件下，可以加入中國共產黨。中國多年奉爲理論聖明的class一詞，現今不再譯爲「階級」，改譯爲「階層」了。通過正當的「誠信」途徑發財致富，現今已是「共產世界」裡一條切實的晉進之道。二O年代就提出「發財吧」口號的布哈林先生，可以放心了。儘管後代沒有奉先生爲聖明，但也確實實行了先生的這一遺願。

安息吧，布哈林！　　　　　　　　■

本文作者爲作家。

毛澤東讀〈張魯傳〉之後

　　從1958年起，中國大陸開始了人民公社、大躍進等運動，進行共產社會的實驗。毛澤東會想到發起這麼大的運動，起源到底是什麼？和他讀了一個人的傳記有關。

　　在《三國志》的《魏書》中，有一篇〈張魯傳〉。張魯的祖父張陵，客居四川的時候，在山中學道，吸引了很多百姓跟隨。因為跟從學道的人要出五斗米，所以又稱五斗米教。五斗米教傳到張魯的時候，據漢中，對入門學道的，「皆教以誠信不欺詐，有病自首其過，大都與黃巾相似。……作義舍，如今之停傳。又置義米肉，懸於義舍，行路者量腹取足；若過多，鬼道輒病之。犯法者，三原，然後乃行刑。」如此雄據巴、漢達三十年。後來降魏，封良中侯，邑萬戶，得了善終。

　　1958年11月2日至10日，毛澤東在鄭州召集部分中央領導人和部分地方領導人參加會議（即第一次鄭州會議）。毛澤東在會議期間談了〈張魯傳〉：「三國時候，漢中有個張魯，曹操把他滅了。他搞過吃飯不要錢，凡是過路人，在飯鋪裡頭吃飯、吃肉都不要錢。盡肚子吃，這不是吃飯不要錢嗎？他不是在整個社會上都搞，只是在飯鋪裡頭搞。他搞了三十年，人們都高興那個制度，那是有種社會主義作風，我們這個社會主義由來已久了。」

　　之後的12月10日，毛澤東又在〈張魯傳〉上寫了如下的批語：「我國從漢末到今一千多年，情況如天地懸隔。但是從某幾點看起來，例如，貧農、中下農的一窮二白，還有某些相似。漢末北方的黃巾運動，規模極大，稱為太平道。在南方，有于吉領導的群眾運動，也是道教。在西方（以漢中為中心的陝南川北區域），有五斗米道。史稱，五斗米道與太平道『大都相似』，是一條路線的運動。……張陵（一稱張道陵，其流風餘裔經千餘年轉化為江西龍虎山為地主階級服務的極端反人民的張天師道，《水滸傳》第一回『洪太尉誤走魔鬼』有極神氣的描寫，一看使人神往，同志們看過了吧？）、張修、張魯祖孫三世行五斗米道，『民夷便樂』，可見大受群眾歡迎。其法，信教者出五斗米，以神道治病；置義舍（大路上的公共宿舍），吃飯不要錢（目的似乎是招來關中區域的流民）；修治道路（以犯輕微錯誤的人修路）；『犯法者三原而後行刑』（以說教為主要方法）；『不置長吏皆以祭酒為治』，祭酒『各領部眾，多者為治頭大祭酒』（近乎政社合一，勞武結合，但以小農經濟為基礎），這幾條，就是五斗米道的經濟、政治綱領。……」

　　既然三國時代就有人搞了公共宿舍，吃飯不要錢，當然他也要實踐一番了。　　　　　　　■

1000

HN872966YB

Part IV
調查地圖

台灣地區財富觀調查報告

Survey of Taiwanese On Wealth

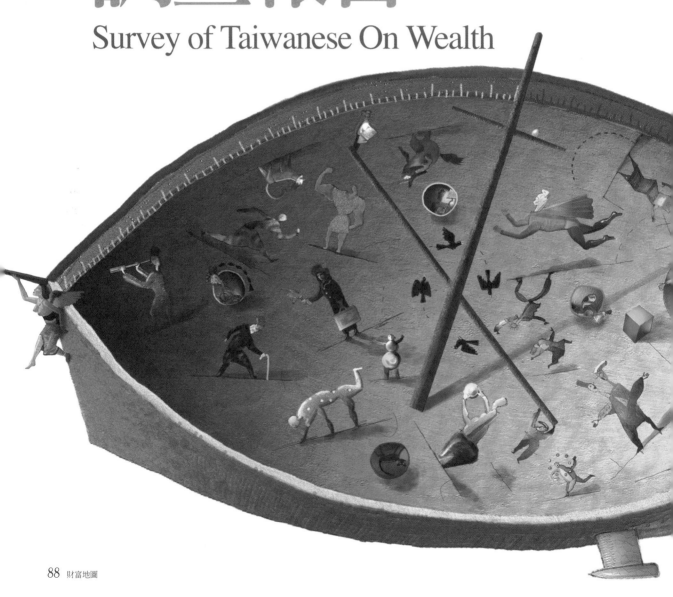

自1980年代台灣地區人民的平均國民所得第一次突破2,500美元，90年代突破1萬美元，到2001年到達最高峰14,100美元，台灣錢淹腳目，我們就開始成了財富神話的代表。伴隨著財富而來的，也有貪婪之島，賭博之國（Republic of Casino）的稱呼。

接踵而來的網路經濟泡沫破滅，世界性的不景氣，加上近年來諸多政治紛擾，使得台灣經濟一路進入所謂的低潮及不景氣。不論是媒體的報導，還是日常言談所及，很多人都對自己財富的認知與想像，增添了許多晦澀的陰影。

然而，如果拋開所有巨觀的因素不談，回到最基本的個人對財富的感受與認知，那麼我們又會看到一幅什麼樣的景象，聽到什麼訊息呢？

文／Net and Books 編輯部

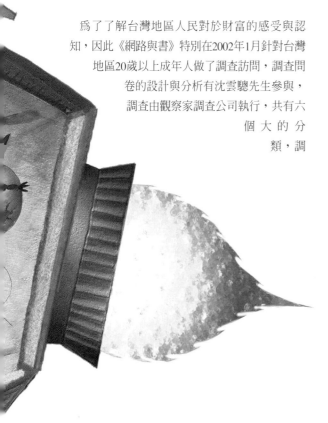

為了了解台灣地區人民對於財富的感受與認知，因此《網路與書》特別在2002年1月針對台灣地區20歲以上成年人做了調查訪問，調查問卷的設計與分析有沈雲驄先生參與，調查由觀察家調查公司執行，共有六個大的分類，調查了27個問題。（有效調查1,082人，請參考91頁。）

這六個大的分類是：
1. 對於財富與富翁的定義
2. 對於自己與富翁的聯想
3. 對於富翁的觀感
4. 對於取得財富方法的認知
5. 對於自己現況的感覺
6. 對於如何處理財富

做過了這次調查之後，接著由於政府在1月下旬開放彩券的經銷，台灣燃燒起彩券熱。在感受到這股彩券熱可能對社會的財富觀念產生影響之後，因此我們決定在彩券開放之後的兩個月，也就是3月中旬、第13 期彩券開獎之後，再度以同一批受訪者為目標，做了第二次調查，以求了解彩券熱所產生的實際影響。（第二次調查實際有效人數為525人，請參考91頁。）

基於以上兩次調查，就台灣地區人民對於財富的認知與感受，我們可以綜合推論出以下現象和特徵：

儘管有不景氣的侵襲，股市的劇跌，台灣仍然是一個十分富裕的社會，因為：

　　1. 要成為富翁的門檻，已經由「百萬富翁」而提升為具備1億至5億元新台幣的財產的資格。

　　2. 對財產總額不滿意的人雖然超過一半以上，但是有七成的人對自己的生活水準是滿意的。

　　3. 認為自己已經是／好像是富翁（或非常有錢的人）的比例，可以高達8.4%!

　　4. 在希望自己成為富翁的理由中，主要都是為了改善長期的理想與生活，為了減輕負債的理由不高，比例在1.3%到6%之間，為了改善子女生活與教育環境的理由也很低。

　　對於財富的出現，處於一種欲迎還拒的狀態。當被問到願意付出哪種代價，可以獲得一筆一輩子都享用不盡的財富時，回答什麼都不考慮，寧可放棄財富的人最多，達34.8%的比例。在回答自己是富翁的8.4%的人當中，有四成以上（42.9%）寧可傾向於不希望自己是個「富翁／非常有錢的人」。

　　對於財富的認知，正處於一個轉型的階段，也有一些矛盾之處。房地產業和製造業，都成了最不看好能賺錢的行業。以房地產而言，在象徵財富的排名中，房地產排名第一，但是在看好賺錢發財的行業中，房地產卻倒數第二。股票也是如此。一方面，股票是從事最多的投資理財活動，在最可能變為有錢人的方法上也名列前矛，但是，在象徵財富的排名中，卻是倒數第三。（這很有可能說明對股票都是短線操作。）

　　對於富翁的觀感也處於轉型的階段。就自己欣賞、佩服的富翁而言，固然以王永慶排名第一（23.1%），但是回答「想不出／找不到值得尊敬的人」（31.7%），和「不知道／未回答」的人（25.8%），合起來佔了57.5%。可以說，這個社會缺乏富翁的典範。整體而言，對富翁的印象好的（34.1%）和不好的（31.1%），幾無差異。

　　投資／理財的觀念十分保守。有將近一半的人（47.9%），在過去一年中沒有進行任何投資理財的行為。有投資理財行為的人之中，買賣股票的比例排名最高（21.2%），投資作生意的比例排名最低（1.7%）。對於認為可能賺大錢的行業，固然以電腦及電子相關行業（25.1%）為首，但是開餐廳（13.2%）排名第二，和其他選擇之差距拉得很大。

　　不懂得享受財富。對於成為富翁之後的打算，都很傳統。把錢存起來的人還是最多。

　　關心社會的傾向很強。不論是對富翁觀感的評分，還是自己成為富翁之後的想法，關懷社會和弱勢族群都是名列前矛的選項。（獲得一筆大錢之後，「做善事／救濟別人」的選項排名第三。）

　　彩券熱出現之後，期期都買的人，有8%；一期也沒買過的人，有40%；絕大部份的人都只是偶爾購買。彩券熱出現之前，如何成為有錢人的方法中，排名第一是努力工作，彩券排名第三，彩券熱出現之後，彩券排名成為第一，努力工作成為第二。幸好彩券熱的出現，對原有相信的一些價值觀還沒有產生根本的破壞，譬如就努力工作、生活節儉是否有助於成為富翁的問題而言，1月份和3月份調查相比，維持同等水準。不過，相信彩券對社會產生負面影響較大的人（67.0%），遠多於相信正面影響較大的人（17.0%）。

　　總結以上，台灣地區人民對於財富的認知與感受，可以歸納為：對於生活，雖然在不景氣之中，尚感到富裕；對於財富的獲得與享用，尚在摸索起步的階段；對於富翁的認同，欲迎還拒，尚欠缺一個新的典範。

　　以下是本次調查細部說明。

台灣地區財富觀調查

主辦：Net and Books

贊助：永豐餘、CP1897、未來書城

執行單位：觀察家行銷研究公司

一、調查地區：台灣地區。

二、調查對象：台灣地區年滿20歲以上之民眾。

三、調查方式：採電腦輔助電話訪問系統（CATI）進行。

四、抽樣方法：第一次以調查地區的住宅電話號碼為抽樣母體，以分層隨機抽樣，並採電話號碼尾數2碼亂數撥號；第二次則針對第一次的受訪者進行再次訪問。

五、訪問時間：第一次為2002年1月14～16日；第二次為2002年3月6～10日。

六、有效樣本數：第一次為1,082份；第二次為525份。

七、抽樣誤差：以百分之九十五的信心水準推估，抽樣誤差為±3.0%。

八、樣本特性：下表所列為第一、二次調查受訪者的背景分布情形，分別為：1. 性別 2. 年齡 3. 地區 4. 教育程度 5. 職業 6. 受訪者的家庭月收入。

調查設計與樣本特性分析

1.性別

	第一次		第二次	
	n	%	n	%
男	535	49.4	247	47.0
女	547	50.6	278	53.0
合計	1,082	100.0	525	100.0

2.年齡

	第一次		第二次	
	n	%	n	%
20-29歲	237	21.9	94	17.9
30-39歲	262	24.2	132	25.1
40-49歲	263	24.3	131	25.0
50歲以上	316	29.2	168	32.0
未回答	4	0.4	-	-
合計	1,082	100.0	525	100.0

3.地區

	第一次		第二次	
	n	%	n	%
北部	474	43.8	229	43.6
中部	238	22	107	20.4
南部	366	33.8	188	35.8
未回答	4	0.4	1	0.2
合計	1,082	100.0	525	100.0

4.教育程度

	第一次		第二次	
	n	%	n	%
國小或以下	211	19.5	99	18.9
國／初中	137	12.7	58	11.0
高中／職	356	32.9	173	33.0
專科	180	16.6	96	18.3
大學	159	14.7	76	14.5
研究所或以上	34	3.1	21	4.0
未回答	5	0.5	2	0.4
合計	1,082	100.0	525	100.0

5.職業

	第一次		第二次	
	n	%	n	%
業務／銷售人員	36	3.3	20	3.8
基層人員／上班族	193	17.8	86	16.4
企業負責人／公司機關主管	22	2.0	11	2.1
專業人士	14	1.3	6	1.1
自營商／老闆	109	10.1	57	10.9
學生	59	5.5	24	4.6
勞務工作者	213	19.7	89	17.0
軍／公／教人員	73	6.7	42	8.0
家庭主婦	177	16.4	102	19.4
退休／無業	176	16.3	85	16.2
其他	6	0.6	2	0.4
未回答	4	0.4	1	0.2
合計	1,082	100.0	525	100.0

6.受訪者的家庭月收入

	第一次		第二次	
	n	%	n	%
2萬元或以下	112	10.4	57	10.9
2-3萬（不及3萬）	85	7.9	32	6.1
3-5萬（不及5萬）	192	17.7	91	17.3
5-8萬（不及8萬）	199	18.4	103	19.6
8-10萬（不及10萬）	109	10.1	61	11.6
10-15萬（不及15萬）	109	10.1	54	10.3
15-20萬（不及20萬）	38	3.5	20	3.8
20萬以上	42	3.9	24	4.6
搞不清楚／未回答	196	18.1	83	15.8
合計	1,082	100.0	525	100.0

1.對於財富與富翁的定義

對於財富象徵的排名，前三名是1.土地、房屋；2.現金，銀行存款；3.百萬名車。1月份和3月份兩次調查，沒有出入。股票和公司職位則甚不受重視。對於股票，雖然普遍不夠重視，但是收入越高的越重視。

在交叉分析中顯示：男女之間，對各項看法差別不大。只有對於百萬名車的重視，男性遠大過女性，其他項目，則男女相當，包括對於衣著與珠寶的重視。不過「不知道／沒意見」的回答，女性略多於男性。

以回答前三名排名的人來說，呈現一個明顯特徵，那就是越年輕的越重視，越北部地區的越重視，教育程度越高的越重視，平均收入越高的越重視。

相對比的，是回答「不知道／沒意見」的，則是以年齡越高的越多，越往南部越多，教育程度越低的越多，收入越低的越多。以職業別來說，退休的，勞務工作者，家庭主婦，女略高於男。

至於擁有多少財產，才可以稱為富翁？回答1億～5億(不及5億)的最多。幾乎不論性別、年齡階層、地區、職業、教育程度皆然。

回答100萬～500萬(不及500萬)的人，特徵在於年齡越大的，收入在2萬元以下的，教育程度在國小或以下的。

回答50～100億(不及100億)的人，特徵在於年齡越輕的，收入在20萬元以上的，教育程度在研究所以上的。

對於這個問題，也有29.0%的人不知道／答不出來／未回答。年齡越大，教育程度越低，以及收入越低的人，越不知道／答不出來／未回答這個問題。

表1 您認為擁有哪些東西，最能夠表現出一個人的財富？（可複選）

	n	%
土地、房屋	395	36.5
現金／銀行存款	322	29.8
百萬名車	267	24.7
衣著打扮	85	7.9
社會地位／身分地位與名氣	45	4.2
首飾珠寶	44	4.1
股票	41	3.8
公司職位	17	1.6
其他	63	5.8
不知道／沒意見	382	35.3

回答人數：1,082人

表2 您認為最少必須擁有多少財產，才可以稱為富翁？

	n	%
100萬-500萬（不及500萬）	70	6.5
500萬-1,000萬（不及1,000萬）	45	4.2
1,000萬-5,000萬（不及5,000萬）	149	13.8
5,000萬-1億（不及1億）	112	10.4
1億-5億（不及5億）	256	23.7
5億-10億（不及10億）	38	3.5
10億-50億（不及50億）	43	4.0
50億-100億（不及100億）	5	0.5
100億以上	50	4.6
不知道／答不出來／未回答	314	29.0
合計	**1,082**	**100.0**

2.對於自己與富翁的聯想

當被問及自認是不是富翁／非常有錢的人時，回答是／好像是的人，比例佔8.4%。做這種回答的人的特質，以年齡而言，40到49歲的最多，地區以南部地區最多，教育程度以大學最多，職業以公司負責人／公司機關主管，以及自營商／老闆最多，每月家庭收入以20萬元以上爲最多。

有趣的是，以每月家庭收入而言，除了20萬元以上回答自己是／好像是富翁的比例最高（16.7%）之外，其他收入階層，各個階層都有6%到9%的人回答自己是／好像是富翁。即使是每月家庭收入2萬元以下的，也有8.0%的比例如此回答（請參見表3）。

希不希望自己是富翁呢？表示「非常希望」加上「有點希望」，也就是傾向於希望的人，有51.5%，多過「不太希望」加上「非常不希望」，也就是傾向於不希望的39.4%。年齡階層越低的，回答

「非常希望」的越多。年齡階層越高的，回答「非常不希望」的越多。

男人傾向於希望的（55.0%），高過女人（48.1%）。女人傾向於不希望的（43.3%），高過男人（35.6%）。

以職業別來說，「非常希望」的前三名是業務人員，學生，基層人員／上班族。

以收入來說，收入越高的「非常希望」的比例越高，收入越低的，「非常不希望」的比例越高。

把這一題拿來和另一題「您認為，您自己是不是富翁／非常有錢的人？」做交叉分析，會發現回答自己是／好像是「富翁／非常有錢的人」之中，有四成以上（42.9%）的人寧可傾向於不希望自己是個「富翁／非常有錢的人」。

至於希望自己是富翁的理由中，值得注意的是「不用負債」墊底，比例極低，只有1.3%。（這一點，可以同時參照表23，在回答突然獲得一千萬元時會如何處理，回答「解決家中經濟問題／還債」的比例略高，有6.2%。）

另外，為了改善子女生活／教育環境的比例也很低。排名前三名的理由，譬如「財富

可以協助完成理想」、「可以享受生活」、「可以改善生活／提高生活品質」，都是基於長期著眼的理由（請參見表5）。

而不希望自己是富翁的理由中，值得注意的是「治安不好，會擔心自身及家人安全疑慮」排名第三。至於「沒特別理由，就是不想／不知道」的也很高，有18.5%（請參見表6）。

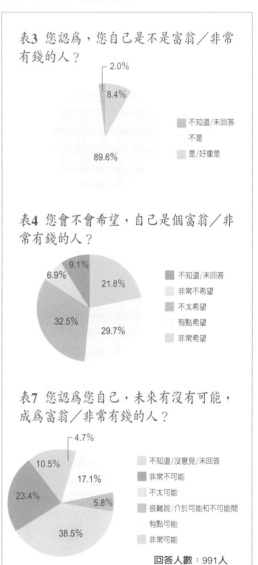

表3 您認為，您自己是不是富翁／非常有錢的人？

2.0%
8.4%
89.6%

不知道／未回答
不是
是／好像是

表4 您會不會希望，自己是個富翁／非常有錢的人？

9.1%
6.9%
21.8%
32.5%
29.7%

不知道／未回答
非常不希望
不太希望
有點希望
非常希望

表7 您認為您自己，未來有沒有可能，成為富翁／非常有錢的人？

4.7%
10.5%
17.1%
23.4%
5.8%
38.5%

不知道／沒意見／未回答
非常不可能
不太可能
很難說／介於可能和不可能間
有點可能
非常可能

回答人數：991人

表5　為什麼您希望，自己是個富翁／非常有錢的人？（可複選）

	n	%
財富可以協助完成理想	173	31.1
可以享受生活，如環遊世界	127	22.8
可以改善生活／提高生活品質	103	18.5
財富可以帶來幸福	55	9.9
沒特別理由，就是想／不知道	52	9.3
可以不必工作／不需要再看老闆臉色	50	9.0
可以救濟他人／從事慈善事業	41	7.4
不需要再看別人臉色	28	5.0
有安全感	23	4.1
目前開銷不敷使用	19	3.4
提供小孩良好的生活環境	19	3.4
供小孩教育／補習	18	3.2
不用負債	7	1.3
財富可以獲得名利	7	1.3
其他	4	0.7
未回答	28	5.0

回答人數：557人

表6　為什麼您不希望，自己是個富翁／非常有錢的人？（可複選）

	n	%
財富不一定能帶來幸福	71	16.6
夠用就好	59	13.8
治安不好，會擔心自身及家人安全疑慮	56	13.1
會被敲竹槓／勒索	43	10.1
有錢會造成壓力	38	8.9
過程太辛苦了	32	7.5
不同意自己能夠成為富翁	28	6.6
會失去自由	21	4.9
年紀大了	20	4.7
會讓人迷失方向	15	3.5
怕失去健康	14	3.3
會失去個人隱私權	12	2.8
擔心小孩爭家產	9	2.1
會失去朋友	8	1.9
有更重要的人生目標	6	1.4
怕別人來借錢	6	1.4
其他	9	2.1
沒特別理由，就是不想／不知道	79	18.5
未回答	13	3.0

回答人數：427人

至於未來成為富翁的可能性，傾向於可能的人，有21.8%，傾向於不可能的人，有61.9%。

在交叉分析中可以看出，以每月家庭收入8至10萬元為一分界線，收入在這分界線以下的，回答「非常可能」以及「有點可能」的比例都比較偏低；收入在分界線以上的，比例則明顯地較高。

以性別而言，男性傾向於認為自己可能成為富翁的比例，是28.5%，女性的比例則是15.3%。

此外，被問到「如果付出某些代價，就可以獲得一筆一輩子都享用不盡的財富；請問，您覺得下列哪一種代價，是您最可以考慮付出的？」，最多人選擇「都不考慮／寧可放棄財富」（34.8%），其次願意付出的代價是健康（14.3%），再其次是家庭生活（10.0%）。

表8　如果付出某些代價，就可以獲得一筆一輩子都享用不盡的財富；請問，您覺得下列哪一種代價，是您最可以考慮付出的？

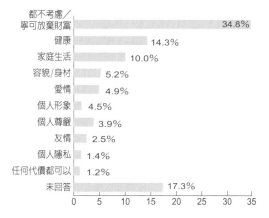

3.對於富翁的觀感

　　整體來說，受訪者對富翁的印象如何？非常好（4.1%）和非常不好（6.3%）的都不多。還算好（30%）和不太好（24.8%）的也差不了多少。整體而言，對富翁的印象算是中庸，感覺不到激烈與偏頗。

　　在各種收入階層裡，回答「非常好」最多的是2萬元以下的，回答「非常不好」最多的，則是15到20萬元的階層。

　　職業裡，回答「非常不好」最多的，是業務人士與專業人士。回答「非常好」最多的，是勞務工作者和其他。

　　以年齡層來說，年齡越大的，回答「非常好」的越多；年紀越輕的，回答「非常不好」的越多。

　　以教育程度來說，程度越低的，回答「非常好」的越多；程度越高的，回答「非常不好」的越多。

　　至於什麼樣的富翁最值得尊重，幾乎不分性別、地區、教育程度、職業及收入分類，關懷社會／弱勢團體都是一枝獨秀。其次是不會勢利眼與腳踏實地。就富翁應該具備的特質而言，其他回答也大多是以品德與誠信相關者居多。

　　至於什麼樣的富翁最讓人討厭、反感？以性別而論，女性明顯地特別討厭勢力眼(29.3%)，而男人只有19.6%。

　　男人(13.1%)比女人(9.7%)更沒法接受唯利是圖。

　　女人(5.3%)比男人(2.8%)沒法接受吝嗇、小器。

　　不關懷弱勢團體而成為富翁／有錢人最讓人討厭、反感的原因，比例仍然很高(8.3％)。

　　不過，相對而言，是否與黑道勾結／惡勢力，則沒有受到那麼重視。認為這也是富翁／有錢人最

表9 整體來說，您對富翁的印象，好不好？

4.1%
17.9%
6.3%
24.8%
30%
16.9%

不知道/未回答
非常不好
不太好
普通/不好不壞
還算好
非常好

表10 您認爲什麼樣的富翁／有錢人,最值得您尊重?
(可複選)〔前十大排行榜〕

	n	%
關懷社會／弱勢團體	426	39.4
不會勢利眼	126	11.6
腳踏實地	58	5.4
節儉樸實	55	5.1
白手起家	53	4.9
不會作威作福	52	4.8
修養好	50	4.6
善良／不傷害別人	39	3.6
謙虛／不驕傲	33	3.0
工作認真／努力	32	3.0

回答人數:1,082人

表11 您認爲什麼樣的富翁／有錢人,最讓人討厭、反
感?(可複選)〔前十大排行榜〕

	n	%
勢利眼	265	24.5
作威作福	221	20.4
唯利是圖	123	11.4
不關懷社會／弱勢團體	90	8.3
官商勾結	64	5.9
不擇手段獲取利益	62	5.7
自以為是	50	4.6
奢侈浪費	49	4.5
吝嗇／小器	44	4.1
炫耀自己的財富	40	3.7

回答人數:1,082人

讓人討厭、反感原因的,只有1.1%。

知名的富翁當中,最讓受訪者欣賞,或最佩服的,是哪一位?王永慶、張忠謀、比爾·蓋茲、施振榮、辜振甫、許文龍,是整個調查中僅聽到的六個名字。其中不分性別、地區、教育程度、職業、收入,王永慶的排名都遠超過其他人。選比爾·蓋茲的人,則以20-29歲的年齡階層,學生身分的最多——選比爾·蓋茲的比例唯一贏過王永慶的分類,是職業中的學生。

需要特別注意的是:不分性別、地區、教育程度、職業、收入,其實回答「想不出／找不到值得尊敬的人」最多,佔31.7%,又遠超過對王永慶的選擇(23.1%)。如果再加上回答「不知道／未回答」的人(25.8%),回答不出欣賞／佩服什麼富翁的人,合起來佔了57.5%,將近六成。

因而可以說這是一個相當缺乏富翁典範的時代。

表12 在所有知名的富翁／有錢人當中,您最欣賞、或最佩服的,是哪一位?

	n	%
王永慶	250	23.1
張忠謀	67	6.2
比爾·蓋茲	31	2.9
施振榮	19	1.8
辜振甫	12	1.1
許文龍	11	1.0
想不出／找不到值得尊敬的	343	31.7
其他	70	6.5
不知道／未回答	279	25.8
合計	**1,082**	**100.0**

4.對於取得財富方法的認知

在1月份的調查裡，針對「您認為要變成有錢人，最有效的方法，是什麼？」這個問題，答案的前三名排名分別是一，努力工作（33.2%），二，投資股票/基金（16.5%），三，買彩券/買六合彩（7.9%），四，創業（6.7%），五，節儉（6.4%）。（請參見表13。這個排名在彩券熱起來之後，3月份的調查裡發生變化，詳見後文。）

以被調查訪問者的分類來說，回答「努力工作」的，在各種分類中都分配得很平均；回答「投資股票／基金」的，教育程度越高的比例越高；回答「買彩券／買六合彩」的，參見後文；回答「創業」的，年齡層越低的越高；回答「節儉」的，教育程

表13 根據您對這個社會的觀察，您認為要變成有錢人，最有效的方法，是什麼？（可複選）

	第一次		第二次	
	n	%	n	%
買彩券／買六合彩	85	7.9	204	38.9
努力工作	359	33.2	158	30.1
投資股票／基金	178	16.5	89	17.0
創業／開店／開公司／開工廠	72	6.7	35	6.7
節儉	69	6.4	28	5.3
從事熱門的賺錢行業	33	3.0	13	2.5
搶銀行	29	2.7	11	2.1
從事投機事業	60	5.5	9	1.7
比一般人有遠見	27	2.5	9	1.7
從政／當民意代表	23	2.1	8	1.5
從事非法工作	14	1.3	6	1.1
賭博	13	1.2	5	1.0
找個有錢人結婚	8	0.7	4	0.8
要很聰明	38	3.5	4	0.8
從事房地產	8	0.7	3	0.6
找高薪的工作	14	1.3	2	0.4
運氣	34	3.1	-	-
學有專精	18	1.7	-	-
懂得投資理財	-	-	-	-
其他	62	5.7	19	3.6
未回答／想不出來	274	25.3	114	21.7
回答人數	1,082		525	

表14 您認為這年頭，從事什麼行業，最可能賺大錢？也就是說，您認為目前最賺錢的行業，是什麼？（可複選）

	n	%
電腦軟體業、電子相關行業	272	25.1
開餐館／飯店	143	13.2
網際網路	98	9.1
證券金融業／保險業	71	6.6
擺地攤	49	4.5
從政／當民意代表	41	3.8
服務業	38	3.5
生化業	37	3.4
開商店	37	3.4
專業工作	36	3.3
非法行業	35	3.2
八大行業／色情行業	30	2.8
創投	23	2.1
彩券	19	1.8
直銷業	15	1.4
房地產業(包括房屋仲介)	9	0.8
文教機構	9	0.8
製造業	9	0.8
其他	66	6.1
只要認真做，什麼行業都能賺錢	46	4.3
未回答	311	28.7
回答人數：1,082人		

度越低的越高。

　　另一個問題：「您認爲這年頭，從事什麼行業，最可能賺大錢？也就是說，您認爲目前最賺錢的行業，是什麼？」（請參見表14）

　　回答的排名：一，電腦軟體業、電子相關行業（25.1%），二，開餐館/飯店（13.2%），三，網際網路（9.1%），四，證券金融業/保險業（6.6%），五，擺地攤（4.5%）。

　　如果把選擇「非法行業」（3.2%）和「八大行業／色情行業」（2.8%）的人合起來，則有6.0%的比例，足以擠掉「擺地攤」，成爲排名第五大的行業。顯然就大眾的認知而言，這個社會尚存在許多黑暗的角落。

　　製造業，房地產業，文教機構，成了大眾認知中最不可能賺錢的三個行業——不論以被調查訪問者的任何分類來說皆然。尤其是房地產，在成爲有錢人最有效的方法排名上，也是墊底的名次。

　　另外，就如何成爲富翁的一些認知上，傾向於不相信富翁是命中注定的（46.3%），略大於傾向於相信的（44.1%）。同時，也傾向於相信只要努力工作，生活節儉，相信靠創業，不相信學歷，相信錢滾錢。（請參見表17、18、19、26）

　　有超過三分之一的人（36.9%）相信經常讀「如何投資理財」的書，就有機會發財。但不相信的人更多一點（40.7%）。

表15 您同不同意，一個人能不能成爲富翁，是命中注定的，是無法強求的？

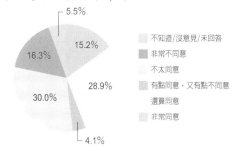

表16 您同不同意，如果經常閱讀「如何投資理財」的書籍，就有機會發財當富翁的說法？

表17　有人說：「想發財還是得靠創業，自己當老闆」；請問，您同不同意，這種說法？

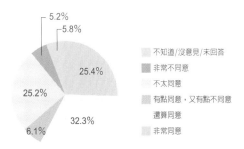

表18　您同不同意，一般來說，學歷越高，就越有機會賺大錢的說法？

表19　有人說：「錢滾錢，是賺大錢的最好方法之一」：請問，您同不同意，這種說法？

5.對於自己現況的感覺

就目前的生活水準而言，「非常滿意」和「還算滿意」加起來的傾向於滿意的比例，高達將近七成（69.2%），「不太滿意」和「非常不滿意」加起來的傾向於不滿意的比例，不到二成（18.3%）（請參見表20）。

在交叉分析中，可以看出對自己目前生活水準傾向於滿意的人，分配十分均勻，只能看出以年齡層來分，回答「非常滿意」的比例隨年齡層的上升而增加，但是回答「還算滿意」的比例，卻隨年齡層的上升而減少。

另外，和「您認為自己是不是富翁／非常有錢的人」那一題交叉分析，則可以發現認為自己是富翁的人，對目前生活水準「非常滿意」的比例是39.6%；不認為自己是富翁的人，回答「非常滿意」的比例是13.2%。不認為自己是富翁的人，回答「非常不滿意」的比例是4.5%，；認為自己是富翁的人，回答「非常不滿意」的比例，也有3.3%。

就自己的財產總額而言，「非常滿意」和「還算滿意」加起來的傾向於滿意的比例，三成多一些（34.8%），「不太滿意」和「非常不滿意」加起來的傾向於不滿意的比例，超過五成（52.1%）（請參見

表21）。

在交叉分析中，以每月家庭收入10至15萬元為一界線，界線以下和以上，對自己財產總額「非常滿意」的比例有很大的差異。

另外，和「您認為自己是不是富翁／非常有錢的人」那一題交叉分析，則可以發現認為自己是富翁的人，對自己的財產總額「非常滿意」的比例是30.8%；不認為自己是富翁的人，回答「非常滿意」的比例是5.5%。不認為自己是富翁的人，回答「非常不滿意」的比例是22.1%，；認為自己是富翁的人，回答「非常不滿意」的比例，也有12.1%。

表20 您對您目前的生活水準，滿不滿意？

| 不知道/沒意見/未回答 |
| 非常不滿意 |
| 不太滿意 |
| 普通/介於滿意和不滿意間 |
| 還算滿意 |
| 非常滿意 |

表21 您對您目前的財產總額，滿不滿意？

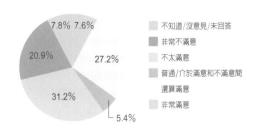

| 不知道/沒意見/未回答 |
| 非常不滿意 |
| 不太滿意 |
| 普通/介於滿意和不滿意間 |
| 還算滿意 |
| 非常滿意 |

6.對於如何處理財富

就投資理財的行為而言，最近一年什麼都沒有投資的人最多（47.9%），有投資理財行為的人之中，買賣股票的人最多（21.2%）。

雖然大家相信發財要創業，雖然創業仍然是發財方法中排名第四的，但最近一年，投資作生意的人最少（1.7%），說明不景氣。

對於假如突然獲得1千萬元，會如何處理這筆錢的問題，存起來最多，買房子第二，做善事／救濟別人第三。可以說是對如何享用財富這一點，相當欠缺想法。很節省，不知道怎麼享用。

表22 最近一年內，您曾經從事過，哪些投資理財行為？（可複選）

	n	%
買賣股票	229	21.2
買保險	118	10.9
定期存款	113	10.4
買共同基金	103	9.5
跟會	36	3.3
買彩券	29	2.7
投資房地產	24	2.2
投資作生意	18	1.7
都沒有投資	518	47.9
其他	13	1.2
不知道／未回答	127	11.7

回答人數：1,082人

表23 假如您突然獲得1千萬元，您會如何處理這筆錢？

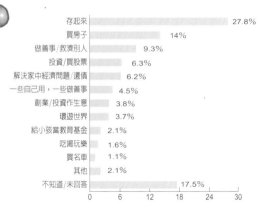

存起來	27.8%
買房子	14%
做善事/救濟別人	9.3%
投資/買股票	6.3%
解決家中經濟問題/還債	6.2%
一些自己用，一些做善事	4.5%
創業/投資作生意	3.8%
環遊世界	3.7%
給小孩當教育基金	2.1%
吃喝玩樂	1.6%
買名車	1.1%
其他	2.1%
不知道/未回答	17.5%

7.彩券的影響

1. 1月份彩券還沒開始之前，和3月份彩券開始之後的調查中，

兩次都回答沒有買彩券的人	58.5%
兩次都回答有買彩券的人	5.9%
第一次回答有買，第二次回答沒買的人	2.7%
第一次回答沒買，第二次回答有買的人	33.0%

長期一直有買彩券／六合彩習慣的人並不多，只有5.9%。男女的比例相當。

58.5%，也就是超過一半以上的人，一直都沒有買過彩券。以性別來說，女性沒有這種習慣的比例(62.2%)要大過男性（54.3%）。以教育程度來說，國小或以下的程度，和大學與研究所以上的程度，比較沒有這種習慣。

33.0%的人，是在彩券開始之前沒買過，但是彩券開始之後加入的。這種人裡，男性的比例（36.0%）要略多過女人（30.2%）。

彩券開始之前有買過彩券／六合彩，但是彩券正式開跑之後反而沒買的人，極少，只有2.7%。

2. 彩券出來之後，買過一期的人有12.8%，買過二期的人，約12%。隨著買的期數越多，人數比例一路低到1%左右，但是期期都買的人則有8%，一期也沒買的人，40%。綜合這一點和兩次調查的比較，約四成到五成的人一直沒有購買彩券的習慣。長期一直有購買習慣的人，約百分之六到百分之八。

3. 變成有錢人最有效的方法中，彩券開始之後，買彩券／六合彩的排名從之前的第三名一躍成為第一名。但是同意買彩券就是多了一份發財機會的人，從50下降到46.8不同意買彩券就是多了一份發財機會的人，也從33.8增加到44.6（請參見表24）。

同時，彩券尚未破壞到一些基本的價值觀，相

信努力工作、生活節儉有助於成為富翁的比例，1月份調查在56.6%，3月份還是維持在55.8%。

4. 彩券的影響，認為是負面大於正面的(67%)，遠大於認為正面大於負面的（17%）。認為是正面大於負面的理由，最主要是每個人都有機會發財，增加政府稅收，作公益。認為是負面大於正面的，整日做發財夢，無心工作，太沉迷，造成投機心理。 ■

表25 到星期二（3月5日）為止，樂透彩券已經發行13期了；請問，您曾經買過，幾期的樂透彩券？

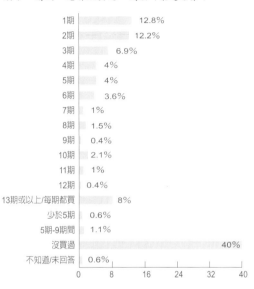

1期	12.8%
2期	12.2%
3期	6.9%
4期	4%
5期	4%
6期	3.6%
7期	1%
8期	1.5%
9期	0.4%
10期	2.1%
11期	1%
12期	0.4%
13期或以上/每期都買	8%
少於5期	0.6%
5期-9期間	1.1%
沒買過	40%
不知道/未回答	0.6%

表24 有人說：買彩券就是多了一份發財的機會；請問，您同不同意，這樣的說法？

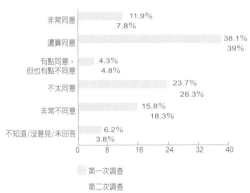

	第一次調查	第二次調查
非常同意	11.9%	7.8%
還算同意	38.1%	39%
有點同意，但也有點不同意	4.3%	4.8%
不太同意	23.7%	26.3%
非常不同意	15.8%	18.3%
不知道/沒意見/未回答	6.2%	3.8%

表26 請問，您相不相信，只要努力工作、生活節儉，就有希望成為富翁？

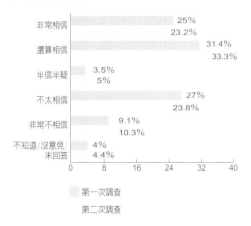

	第一次調查	第二次調查
非常相信	25%	23.2%
還算相信	31.4%	33.3%
半信半疑	3.5%	5%
不太相信	27%	23.8%
非常不相信	9.1%	10.3%
不知道/沒意見/未回答	4%	4.4%

Part V
閱讀地圖

有關財富的50本書

本期推薦給讀者的50本書，是由本期顧問沈雲驄與「網路與書」編輯部共同選出。我們將這50本書分為四大類：歷史、哲學與文化類、觀念與方法類、人物與企業類，以及文學與休閒類，讀者可依據自己的閱讀喜好選擇。財富的追尋是個古老的題目，也是生活中難以擺脫的話題，處處牽動著人們複雜的情緒，關於財富的創作也顯得既多元且繽紛，這50本書只是引信，希望能引燃更多的閱讀與討論火花。您如何看待財富？哪些關於財富的書曾經給您帶來衝擊或改變？歡迎您來我們的網站 http://www.netandbooks.com 發表意見。

文／沈雲驄、傅凌、狐狸、Leftmoon、李康莉

關於財富的歷史、哲學與文化
History, Philosophy & Culture

歷史是一連串財富被創造與毀滅的過程。從原始社會到今天的資訊時代，
不同文化在不同時空下往往會產生不同的財富觀。
若你想了解財富與人類關係的演變，以下是我們推薦的讀本……

《The Pursuit of Wealth》
Robert Sobel / 著 (McGraw-Hill)

在了解個人如何創造財富，掌握財富之前，如果想先從宏觀的角度了解財富與人類的關係，那麼可以先讀這一本書。

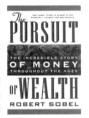

如同書名「財富之路」的意思，這本書從兩河流域的財富觀與故事講起，歷希臘、羅馬、中世紀而至現代，從科技、社會、文化環境的變化，不但講出了大環境興衰起伏的原因，也從許多個人故事的角度增添了讀者的臨場感與興趣。整本書唯一比較大的遺憾，就是純以歐洲和美洲為主，對中國及其他地區的情況幾無著墨。這一點，可以讀後面介紹的《資本主義與廿一世紀》來補充。這本書到目前為止還沒有中文譯本，如果要找一本類似的書，則可以《新國富論》(The Wealth and Poverty of Nations, David S. Landes，中文版譯者汪仲，時報出版) 來替代。《新國富論》的重點在十四世紀之後，但是談到中國的部分。(傅凌)

《新教倫理與資本主義精神》
The Protestant Ethic and the Spirit of Capitalism

馬克思‧韋伯 (Max Weber) / 著 于曉等 / 譯 (左岸)

不要因韋伯的名字而卻步，也不要因為書名而放下。我們要讀這本書的理由很明白：要了解近世的西方世界，不能不了解他們的資本主義，以及實行或執行資本主義的商人。韋伯的這本名著，正是從一個特別的角度幫我們找到資本主義精神的解答：從十五世紀宗教革命之後而產生的新教倫理。

這本書除了有這樣的歷史意義之外，其實還有一個和我們直接相關的文化意義——因為韋伯說：「清教徒想要成為職業人——我們則必須是職業人。」換句話說，必須成為「職業人」，是今天我們每一個人的命運，我們必須正視這個命運的面貌，才能當自己命運的主人。探索新教倫理，正好可以從中找到一個切入點。這本書原來以兩篇文章的方式發表於1904和1905年，今天的版本則是韋伯在1920年補充修訂過出書的。(傅凌)

《國富論》 *The Wealth of Nations*

亞當・斯密 (Adam Smith) / 著 謝宗林、李華夏 / 譯 (先覺)

亞當・斯密的《國富論》，應該和馬克思的《資本論》一樣，都是最多人提到，但是不見得多少人讀過的書。這本書中沒有提到「資本主義」，但總被認為是資本主義濫觴的名著，寫作於1796年，正是美國獨立戰爭的那一年。雖然時間和空間環境都已經離今天的讀者遠了太多，但畢竟這是影響近世最深的經濟學著作，因而值得閱讀苦讀。

《國富論》全書共五卷，先覺的這個譯本只收了前三卷，因此，本書最膾炙人口的那隻「看不見的手」就看不見了——因為在第四卷的第二章。如果要看看那隻看不見的手，可以去網站http://art-bin.com/art/oweala.html下載一份英文版的內容。(傅凌)

《中國商業史》 王孝通 / 著 (台灣商務)

這本書以中國歷代為段落，每個段落，作者都把當時的商業環境、政令制度、貨幣與貿易特色、代表性人物做了整理。因此，雖然不是直接談中國的財富觀，或是財富人物，不過，讀者卻可以從中找到間接的描繪。譬如兩晉及南北朝時代帝王好為商賈的面貌，就十分生動。

全書不厚，只有三百二十來頁，在這樣的篇幅裡勾勒出上古到民國為止的商業面貌，就一部商業通史來說雖然有所不足，但是就一般讀者而言，卻是歸納、整理得很方便。事實上，由於這本書整理的資料很多，這些資料很有助於找尋進一步閱讀的參考。

由於本書寫成於民國二十五年，所談的時間只能截至當時為止，另外，作者寫作的文筆與風格，今天讀者可能略有隔閡，不過，有心要讀，不致成為問題。(傅凌)

《資本的年代》 *The Age of Capital*

艾瑞克・霍布斯邦 (Eric Hobsbawm) / 著 張曉華等 / 譯 (麥田)

《資本的年代》，是霍布斯邦十九世紀三部曲的第二部 (第一部是《革命的年代》，第三部是《帝國的年代》。三本書可以分開來讀)。

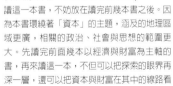

讀這一本書，不妨放在讀完前幾本書之後。因為本書環繞著「資本」的主題，涵及的地理區域更廣，相關的政治、社會與思想的範圍更大。先讀完前面幾本以經濟與財富為主軸的書，再來讀這一本，不但可以把探索的眼界再深一層，還可以把資本與財富在其中的線路看得更清楚。反之，如果沒有一定的準備先讀這一本書，則一不小心，很容易陷入作者多元探索與論述所形成的迷宮。《資本的年代》裡，尤其將資本主義與其對立面——馬克思的思想以及共產主義——之相互激盪，做了根本的探討。是一本很有趣，很有營養，不過要仔細咀嚼的歷史書。（傅凌）

《資本主義與廿一世紀》 黃仁宇 / 著 (聯經)

這本書的副標題是：「追尋近代西方的發展動力，探索近代中國的問題根源。」從這一點而言，和《新國富論》的寫作方向有點類似，不過，本書著成的年代更早，針對的主題也更集中在中國和西方的對比上。

黃仁宇寫這本書，一如他的風格，從1355年4月，威尼斯這個商業都市的統領華立羅被處死的場景開始寫起，把資本主義的定義、在西方的發展，以及和中國社會的對比與剖析，貫穿為全書的重心。黃仁宇不僅文字優美，更可貴的是他兼顧中西歷史對照的觀點。「中國……貨幣是以賤金屬為之，不以大宗商業及遠距離的商業作經營之對象，與歐洲的貴金屬貨幣實為兩大系統。」短短的一段話，就可以幫讀者節省很多讀書時候的冤枉路。(傅凌)

《開始》 *Macroshift*

鄂文・拉胥羅 (Ervin Laszlo) / 著 杜默 / 譯 (大塊)

這本書，也可以說是從宏觀著眼來探討人類與財富的關係，不過，重點在於對未來的展望。作者拉胥羅是布達佩斯俱樂部的創始人，也是全球頂尖的未來學者。他長期觀察經濟發展與生態破壞的關係，因而本書的內容可以分為三個重點，一是從歷史的脈絡裡，整理出西方歷史與文化，在開展經濟、創造財富上的特點與長處；二，分析過去這些特點與長處，為什麼已經造成，並將繼續形成人類災難的原因；三，提出人類今後從社會到個人，思考與生活方式所必須產生的改變。

很有趣的是，在給未來提出的解方中，作者強調了整體意識的重要，也就是每一個人的意識所能發揮的力量。這本書可以說是有關未來財富的一本哲學書，不過寫得非常生動，很容易吸收。(傅凌)

《金錢簡史》 *The History of Money*

傑克・魏勒福特 (Jack Weatherford) / 著 楊月蓀 / 譯 (商周)

這是一本西方貨幣的歷史書。從利地亞製造第一批金銀錢幣開始，到紙幣的出現，一路講到今天的電子貨幣，以一條很清楚的中軸線來進行敘述，脈絡非常明白。金錢如何大盛於希臘、羅馬時代，沉寂於中世紀，再到十四世紀左右又出現於義大利，進而演進為今天我們所熟悉的貨幣，作者一路像是在講故事般帶領著讀者前進。

由於是講故事的調子，旁徵博引的典故和軼聞也十分豐富，沒有任何深奧、生硬的理論和術語，因此閱讀的人不須具備任何經濟或貨幣知識的背景。不論是Dollar的起源，還是二次大戰的成因，在這本書裡，都透過金錢的過程作了詮釋。當然，如果讀這本書之前，先讀過《新國富論》那樣經濟宏觀角度的書，可以發現更多註腳的樂趣。(傅凌)

《有閒階級論》 *The Theory of the Leisure Class*

凡勃倫 (Thorstein Veblen) / 著　蔡受百 / 譯 (北京商務)

凡勃倫的《有閒階級論》，發表於1899年，當時正是美國國力的發展超越歐洲，本國的蓬勃經濟又產生了新的財富階層與新的物質享受之際。這個時候的美國社會深信努力工作，以及盡情享受努力工作之成果的意義，結果不但造成對財富之迷信，以及奢靡之極，甚至有人相信美國所創造的這種金錢文化及生活模式，人類歷史前所未見。

凡勃倫寫這本書，就是從人類歷史及社會的各個角度，來說明有閒階級存在已久，一方面嘲諷了無知而沾沾自喜的人，一方面也嚴厲地批評了美國當時的種種社會現象。從他第一章〈緒言〉的第一句話：「有閒階級制度在未開化文化下的較高階段獲得了最充分發展」，就可以看出要澆下一盆冷水的用心。作者從有閒階級的消費到服裝到宗教到學識，縱切橫切，構成了一本到今天讀來都生動有趣的書。 (傅凌)

《台灣經濟的苦難與成長》

溫世仁 / 著　蔡志忠 / 繪圖 (大塊)

在台灣談財富，不能不回顧台灣本身的經濟發展路程。《台灣經濟的苦難與成長》，是一本極其簡明的書，快的話可以在一個小時內讀完，但是需要明瞭的重點都能充分掌握。

作者溫世仁，本身就是財富的代表人物，因此他以親身經歷，歸納出五〇年代到九〇年代，台灣不同時代階段的經濟、社會與財富特徵，不但條理分明，並且以親身經歷為來生動有趣。

就許多只來得及目睹九〇年代過程的新一代讀者而言，這本書縱貫的時代脈動，特別具有價值。台灣怎樣從一個農業經濟的體制，走上資訊經濟，在這本書裡有很明快的分析。 (傅凌)

《人類思想史中的休閒》 *The Evolution of Leisure*

托馬斯 · 古德爾 (Thomas L. Goodale)、杰弗瑞 · 戈比 (Geoffrey Godbey) / 著　成素梅等 / 譯 (雲南人民)

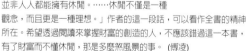

這本書和凡勃倫的《有閒階級論》不同，寫作的時間在1980年代末，寫作的角度與筆調也更加輕鬆，因此讀來真是如原書書名所說，「休閒的演化史」，遠較平易近人。

「工作是空閒時間的反義詞，但卻不能作為休閒的反義詞。……人人都會擁有空閒時間，但並非人人都能擁有休閒。……休閒不僅是一種觀念，而且更是一種理想。」作者的這一段話，可以看作全書的精神所在。希望透過閱讀來掌握財富的創造的人，不應該錯過這一本書，有了財富而不懂休閒，那是多麼煞風景的事。 (傅凌)

《華爾街世紀》 *The Great Game*

約翰 · 葛登 (John Steele Gordon) / 著　齊思賢 / 譯 (時報)

中國人說：「錢滾錢。」羅馬詩人賀拉斯 (Horace) 說：「賺錢，能用公平的手法最好，如果不能，最好用錢。」總之，用錢來賺錢的方法之重要，不言而喻。因此，這正是我們要讀《華爾街世紀》的理由——華爾街是一個用錢來賺錢的時間與空間的起端。

正如投資之神巴菲特所說：「華爾街是唯一一個開勞斯萊斯的人來請教一個搭地鐵人意見的地方。」華爾街是個無窮魔力的代名詞。這本書有華爾街本身三百年的蜿蜒歷史，有許許多多在華爾街崛起與殞落的人物歷史，也有與華爾街共同展開的近代戰爭、經濟與社會的歷史。金融的神奇、骯髒與無常，在作者的筆下有非常傳神的浮現。像是美國南北戰爭的英雄，後來也當了總統的格蘭特在華爾街如何被人所害，如何在破產後寫出回憶錄那一段，就極為生動。 (傅凌)

《共產黨宣言》 *Manifesto of the Communist Party*

馬克思 (Karl Marx)、恩格斯 (Friedrich Engles) / 著　唐諾 / 譯 (臉譜)

要讀和財富相關的歷史、文化與哲學書籍，當然有一本書不能錯過，那就是《共產黨宣言》。1847年，三十歲的馬克思和二十八歲的恩格斯，接受駐倫敦的共產主義同盟總部 (事實上只有七個人) 之委託，撰寫《共產黨宣言》，並於次年以英文、法文、德文、義大利文、法蘭德斯文，以及丹麥文，總共六種語文公諸於世。

為什麼要讀這樣一本看來和財富站在對立面的書？對立才能產生對照的效果。其實這本書是沒法介紹的，因為它的力量與局限，都只有它自己才能呈現出來。硬要介紹的話，《共產黨宣言》的內容大約可以分為四個部份：一，資產階級形成的歷史原因與批判；二，無產階級及其苦難的分析；三，共產黨人的角色與理想；四，社會主義和共產主義論述。對照著後來一百六十年的歷史發展，雖然許多論述已經昨日黃花，但是另外許多地方仍然可以不受時空的限制，撼動讀者的心靈。

看這一句話好了：「資產階級社會裡，資本是獨立存在且有自我生命性格的，反倒是活生生的人卻被剝除了獨立性和生命性格。」

讀過《共產黨宣言》，才能體會其中的魔力，明白為什麼在接下來的時間裡，一代代年輕人可以為之拋頭顱、灑熱血，同時也知道他們氣魄萬千的理想，為什麼在一個半世紀之後，又遭遇到現實的瓶頸。哲學家的力量與弱點，其實都在馬克思和恩格斯寫作這本書的時候，一起呈現。 (傅凌)

取得財富的觀念與方法
Think & Learn

這是個財富被大量創造的時代。地球上仍有貧窮，但多數人距離財富越來越近，
身價超過百萬美元的富翁，全世界如今有超過七百萬人，要如何成為那七百萬分之一？
這裡藏著致富的觀念與工具，也有富翁的現身說法……

《投資大師與投資觀念》 *The Ultimate Investor*

迪恩・李巴倫 (Dean LeBaron)、羅米希・韋提林根 (Romesh Vaitilingam) / 著　劉體中、魏駿愷 / 譯 (財訊)

假如你最喜歡問的問題是「真的嗎？」，你一定會喜歡這本書。稍微多看幾本理財書或多認識幾位理財顧問的人，都會輕易被各種似是而非的觀念、理論、名詞與數字弄得頭昏腦脹：長期投資的風險真的比較低？買基金真的能分散風險？技術分析真的可靠？基本分析真的有用？成長型投資真的會成長？價值型投資真的有價值？股東真的能監督企業？這本書告訴你：未必。

作者在書中提出三十個常見的投資觀念，透過三十多位相關人物的研究與理論，以交叉方式將正反意見並陳，並且提供讀者具體的投資建議。如果讀者有興趣進一步研究，該書還提供可供參考的平面出版和網路資源。如果說，各種被金融業者刻意扭曲的績效數字、觀念與銷售口號是妖怪，這本書就是一面照妖鏡。(沈雲驄)

《富爸爸，窮爸爸》 *Rich Dad, Poor Dad*

羅勃特・清崎 (Robert Kiyosaki)、莎朗・萊希特 (Sharon Lechter) / 著　楊軍、楊明 / 譯 (高寶)

很多人可能不知道，自己習以為常的投資與理財觀念，其實錯得多麼離譜。例如，錯把高額貸款買來的房子當做「資產」(其實是負債)、誤將無謂的奢侈支出當做必要的生活開銷等。作者指出，多少人終其一生都在錯誤的理財觀念中受苦，把自己和家庭「拖入債務與財務不確定性的漩渦之中」。尤其是那些背負著貸款的上班族，他們除了替老闆工作，其實也在為政府 (繳稅) 與銀行 (繳貸款) 賣命，根本沒有在為自己賺錢。「大多數人的財務困境是由於隨波逐流，不假思索所造成的，」作者說。其實，書中所提出的建議並不完全是清崎獨有的創見，《富翁說故事》和《思考致聖經》中都有類似的概念，不過清崎藉由「富爸爸」之口說出這番道理，倒是極有說服力，仍值得想改善財務狀況的讀者花點時間讀讀。(沈雲驄)

《與成功有約》 *The Seven Habits of Highly Effective People*

史蒂芬・柯維 (Stephen Covey) / 著　顧淑馨 / 譯 (天下文化)

從小到大，你是「習慣」成功還是「習慣」失敗？本書原文書名為「高效率者的七個習慣」，就是本教你培養成功「習慣」的書。1990年問世以來，至少在全球七十個國家推出三十二種譯本，銷售超過一千萬冊，作者柯維也因此被《時代》雜誌選為美國二十五位最有影響力的人物之一。柯維說，「習慣」是知識、技巧與意願三者的混合體，要培養成功者的習慣，這三者缺一不可。無論你追求的是個人生涯的成長，或是專業領域的成就，書中所提出的七大基本習慣都值得你仔細品讀，正如作者所說，這些習慣是「放諸四海皆準」、「常保快樂成功的不變真理」。就算沒有時間看完全書，強烈建議你至少讀第一章〈由內而外全面造就自己〉，很可能將帶給你一種「新的思維」，幫助你「虛心踏出成功的第一步」。(沈雲驄)

《巴菲特寫給股東的信》 *The Essays of Warren Buffett*

華倫・巴菲特 (Warren Buffett)、勞倫斯・康寧漢 (Lawrence Cunningham) / 著　張淑芳 / 譯 (財訊)

假如你真的下定決心學習投資，這是你遲早得看的一本書。本書集結了巴菲特過去數十年來親自寫給股東的信，並由康寧漢教授整理而成，共分為五大章，分別針對企業監督、企業的財務與投資、普通股、合併與收購、會計與賦稅等五個議題提出見解。閱讀本書雖然對入門者來說有些吃力，但稍有經驗的投資者或企業經營者，一定能從中得到極大幫助，例如「金錢將從好動的人手中，移到有耐心的人手中」、投資成功靠的是「正確的商業判斷」等，都是巴菲特的招牌主張。

投資市場中到處可見似是而非、連專業投資者都難以分辨的觀念與方法，一旦你投身市場，就不能掉以輕心。巴菲特是史上唯一憑著優異的投資績效而名列美國第二大富豪的人，他在書中針對投資所作的睿智談話，會讓你受益無窮。(沈雲驄)

《富翁說故事》 *The Richest Man in Babylon*

喬治‧克拉森 (George S. Clason) / 著　楊淑智 / 譯 (大塊)

存款老是增加不了？你一定要讀這本由 George S. Clason 於 1926 年完成的小書。該書目前已在全球銷售超過數百萬冊。書中透過六千年前巴比倫傳說中關於獲取與累積財富的故事，教導讀者如何「攢錢、存錢、賺錢和賺更多錢」。最值得一讀的是「搶救窮寶七守則」，這些守則你或許曾在別的理財書裡看過，而且乍看之下也沒什麼特別，但其中融合了數千年來富翁共同的智慧，也是窮人難以擺脫的罩門。不妨試試書中的幾個建議：將賺來的錢至少存下十分之一、控制你的支出、讓錢為你賺錢、避免損失、為未來生活做準備、不斷增進你的賺錢能力等。看來簡單的故事與原則，會讓你一生受用無窮。如果你邊看本書邊點頭，我相信你致富的機會不小，但如果你邊看邊搖頭，那可就……(沈雲驄)

《思考致富聖經》 *Think and Grow Rich Action Pack*

拿破崙‧希爾 (Napoleon Hill) / 著　陳麗芳 / 譯 (世潮)

想致富，除了腦袋要充電，心靈也需要進補——本書即被公認為心靈進補最有效的雞湯。雖然書末的「行動計畫」，會讓照著做的人看起來有點拜金 (例如寫下心中渴望的金錢數目，晨昏大聲朗讀)，但是希爾所提出的致富方法十三步驟，倒是刺到許多人的痛處。例如，第一步的「必須有欲望」(desire，不是 hope，也不是 wish)，其實點出許多人一方面想發財，另一方面卻光說不練的惰性；第六步「轉化欲望為具體行動」，道出了計畫的重要，及一般人疏於規畫的致命錯誤。作者分析超過兩萬五千名經歷失敗的人之後發現：缺乏決心，是一切失敗主因之首。或許你還是不習慣書中從頭到尾都帶著強烈「有志者事竟成」的勵志口吻，不過希爾這麼做可能別有用心，因為，你很可能就是那種夢想致富，卻沒有決心採取行動的人。(沈雲驄)

《一次讀完25本投資經典》 *25 Investment Classics*

李奧‧高夫 (Leo Gough) / 著　陳琇玲 / 譯 (財訊)

這本書有點像平版版的搜尋引擎，替你找出部分和「投資經典」相關的著作。書中所挑選的二十五本名著，有些是國人耳熟能詳的經典如彼得‧林區的《征服股海》、墨基爾的《漫步華爾街》、葛拉漢的《散戶投資正典》、伯恩斯坦的《與天為敵》等；有些則是一般非專業投資者較少接觸的作品，例如史瓦傑的《金融怪傑》、李佛瑞的《股市作手回憶錄》。對於投資世界一知半解的讀者，可以在這本書中找到不少受用的答案。當然，還有無數佳作沒有收錄在這本書中，而且光憑這本書也不能取代那二十五本經典，不過如果你想在買進第一支股票前，在最短時間內多讀幾本和投資有關的名著，這本可以讓你「一次購足」的書，應該是目前為止最佳的選擇。(沈雲驄)

《大推手》 *The Prime Movers*

艾德溫‧洛克 (Edwin Locke) / 著　袁世珮 / 譯 (麥格羅‧希爾)

「大推手」指的是創造財富的人，也就是富翁。雖然作者認為本書適合五種人閱讀 (學生、研究者、投資者、想要致富者、大推手本人)，但最需要這本書的，恐怕還是那些想成為富翁的人。洛克在書中不僅探討富翁的成功，也分析富翁的失敗。讀者不妨把本書當做一份自我檢查表，看看自己是否具備書中提出的七項致富條件：了解並運用自己的能力、要有熱情、保持活躍的心、開發獨立願景、採取堅定行動、網羅頂尖人才和實踐美德等。不過，作者自己也承認，這些條件大多「萃取」自白種男人身上，未必適用於黃種男女，且擁有這些條件只能讓你擁有偉大的事業成就，不見得帶來美好或快樂的生活。因此，當你發現自己具備上述所有條件，滿意之餘最好也檢討一下自己：是否過於熱中追逐財富，而忽略了生命中其他美好的事物？(沈雲驄)

《征服股海》 *Beating the Street*

彼得‧林區 (Peter Lynch) / 著　郭淑娟、陳重亨 / 譯 (財訊)

回顧全球投資史，不會有人忘記彼得‧林區的名字。這位被美國《時代》雜誌推崇為「首屈一指的基金經理人」，在他管理麥哲倫基金的十三年間，基金報酬率高達 2,700%。這樣的績效不但讓他自己以四十六歲之齡退休，也替基金投資人賺取驚人的報酬。本書在他退休三年後出版，至今仍是專業投資者必讀的聖經之一。林區在書中提出兩個重要的概念：一，長期投資股票，遠比其他投資工具「有賺頭」；二，在股票市場上，散戶若能善用優勢，其實也能勝於專家。讀者除了能看到基金經理人操盤的實況，還可參考林區在各種產業上進行基本分析的方法。書末所整理的二十五條「金科玉律」雖然因過度簡化而不容易理解，但畢竟是林區累積二十年投資經驗的心得，建議你還是讓腦袋用點力，好好讀一讀。(沈雲驄)

《下個富翁就是你》 *The Millionaire Next Door*

湯瑪斯‧史丹利 (Thomas Stanley)、威廉‧丹寇 (William Danko) / 著　張美惠 / 譯 (時報)

假如你以為穿戴名牌、上高級餐廳、開名車、住豪宅，可以讓自己看起來像個有錢人，這本書會重重拍在你腦袋上。作者針對美國身價超過百萬美元的富翁所完成的調查指出，出乎一般人 (包括作者自己) 意料，富翁們的真實生活遠不如電影中所描述的那麼華麗。衣，他們很少穿戴名牌；食，他們對鵝肝醬和昂貴葡萄酒沒啥興趣，反而鍾愛啤酒與餅乾；住，他們大多沒有豪宅；行，他們大多只開美國國產車，其中有 36% 買的還是二手車。從受訪的百萬富翁身上，作者歸納出致富的七項重要因素，非常值得讀者參考。「賺錢能力不等於致富能力，」作者說：「真正的富豪是那些能『有效率地處理時間、精神和金錢』的人。」(沈雲驄)

《一個投機者的告白》

Die Kunst über Geld nachzudenken

安德烈‧科斯托蘭尼 (André Kostolany) /
著 唐峋 / 譯 (商智)

有「德國證券教父」之稱的科斯托蘭尼，在本
書給我們三項重要的啟示。第一，他認為富翁
無法以金錢財產的多寡來衡量。他為富翁所下
的定義是：「不依賴任何人，以自己的資本就
能滿足自我需求的人。」他說，真正的富翁不
必工作，不必在上司面前卑躬屈膝，至於需要
多少財富才能達到這種境界，則「得看每個人
的需求和義務而定」。其次，他在自承為「投機人士，始終如一」的
同時，也戳破了投資市場的許多假象。例如許多所謂的投資工具，在
他看來其實骨子裡都是投機，包括所謂的避險基金，他認為「光看名
字就知道是騙局」。沒有認清這些騙局，是造成許多散戶一再失敗的
主要原因。另外，作者在書末提供了進入股票市場的十律與十誡，非
常值得參考。如果你有買股票或基金，且還在騙自己是「投資」，你
一定得看這本書。(沈雲驄)

《美國慈善事業內幕：大捐贈者的傳奇》

Inside American Philanthropy

瓦德瑪‧尼爾遜 (Waldemar Nielsen) / 著
鄭勝天、程迺欣 / 譯 (典藏)

未來二三十年，將有數以萬計的百萬富翁面臨
死亡，數以兆計的財富將移轉到下一個世代。
這樣的移轉會繼續惡化這個世代的財富不均，
抑或能改善人類未來的財富分配？本書除了讓
我們看到美國慈善事業的歷史、功能與內幕，
也提醒我們注意財富世代移轉的問題。許多世
紀來，富翁們以龐大財富資助的慈善團體，建
立了無數醫院、學校、圖書館與博物館，在挽救生命與改善生活之
外，也改變下一個世代的致富機會，包括你我在內，極可能都是過去
無數世代捐贈行為的受益者。從書中可以看到，無論是已故的企業巨
人如洛克斐勒、卡內基，或是如今依然活躍的索羅斯、巴菲特，儘管
捐贈行為背後可能還是多少藏有利己的嫌疑 (例如避稅)，但卻不能抹
煞他們在「利他」上的貢獻。(沈雲驄)

擁有財富的人與企業
People & Corporations

無論東方西方，總是有人特別被財富眷顧。歐洲的Rothschild，美國的摩根和洛克斐勒，
中國的盛宣懷，台灣的王永慶……財富可以平地起，也可以綿延好幾代；
財富為他們築起成就與驕傲，也帶來災難與不幸。Why？How？

《洛克斐勒》 *Titan: The Life of John D. Rockefeller, SR.*

朗‧契諾 (Ron Chernow) / 著 黃裕美、樂為良 / 譯 (商周)

誰說富不過三代？雖然洛克斐勒的發跡是在一
個世紀前，他的致富途徑 (石油業) 和大多數人
也距離遙遠，卻似乎都無損於洛氏的歷史地
位，他不但自己是人類史上第一位億萬富翁，
他的兩個孫子和一個曾孫，至今仍在富比士億
萬富翁排行榜上。本書是至今為止，關於洛克
斐勒王朝最深入與精采的一本傳記。作者在書
中除了披露洛氏在商場上的惡形惡狀，以及他
在宗教信仰上耐人尋味的慈悲胸懷，也以精采
的文筆讓我們看到這位天才企業家努力工作的高昂鬥志和高明的經商
手腕，例如：在穩操勝算之下毫不留情地鏟鉞必較，在有所圖謀時卻
策略性地大方灑錢；儘管在外惡名昭彰，對內卻善於利用管理來凝聚
向心力，網羅大量人才。就算你不想從洛氏身上學習致富方法，這本
曾經贏得《紐約時報》年度十大好書的名著，也絕對值得一讀。(沈
雲驄)

《永恆的價值》 *Of Permanent Value*

安迪‧基爾派翠克 (Andrew Kilpatrick) / 著 魯燕萍 / 譯 (財訊)

「如果你在1956年交給巴菲特一萬美元，時至
今日你可能賺回二億五千萬美元，而且是稅後
盈餘！」本書第一章的第一句話，點出了華
倫‧巴菲特在投資史上的歷史地位，但這不是
本書值得一讀的唯一理由。很多人或許知道巴
菲特是二十世紀最偉大的「價值投資」大師，
卻少有人能說清楚什麼是「價值投資」、巴菲
特又是如何操作，《永恆的價值》記錄了他
「以價值為取向」，「低價購入股票」，然後
「將股票束之高閣久握不放」的投資實況。從在股市崩盤中受孕，到
波克夏傳奇的開展，巴菲特的投資天分在書中一覽無遺，隨手拈來處
處珠璣，例如「投資必須在能力範圍內運作」，「賺錢的祕訣不是鋌
而走險，而是迴避風險」等。這裡推薦的是根據1998年原文修訂版
重新整編的中文版，雖然遠較原書精簡，但已足以讓讀者充分了解這
位大師的一切。(沈雲驄)

《百年家族：盛宣懷》宋路霞 / 著 (立緒)

小說《胡雪巖》裡，盛宣懷露過幾次面。因為盛宣懷和李鴻章一個陣線，在胡雪巖垮台上起了關鍵作用，高陽下筆，對盛宣懷不免另一番著墨，讀者讀來，也有了別種情緒。

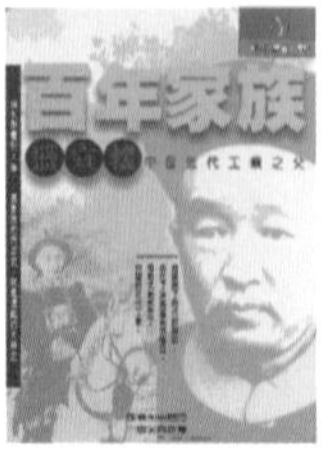

但是這一本傳記，《百年家族：盛宣懷》，卻是從歷史的角度來寫這個人物，那個時代，以及他的叱吒風雲。盛宣懷首創招商局，建立電報與鐵路等等，擁有近代中國實業界十一個第一，固然令人佩服，如果再把當時中國的一些特殊環境考慮進去，更可以體會其中之不易。

譬如李鴻章上書建鐵路，慈禧一擱十四年之後才議，就知道在那個新舊交會的年代裡，要有所作為，也不是那麼理所當然的事。

當然，這本書由於是寫「百年家族」，因此有關盛宣懷個人的記述部分，只及全書一半略多，這是讀者要有的心理準備。(傅凌)

《The House of Rothschild》Niall Ferguson / 著 (Viking)

Rothschild這個在十九世紀歐洲如日中天的名字，今天已很少被提起，而且因大量引用到各個領域 (如動植物、魚類、爬蟲類，甚至城市及紅酒以此為名)，顯得更加神祕。Rothschild的歷史，是歐洲經濟史上舉足輕重的一頁，兩個世紀來，這個分居於歐洲五大商業重鎮的家族，儘管有些經營績效不如人們想像中那麼優異，但是卻異常團結地攜手介入各種產業 (如黃金、公債、鐵路和礦業等)，掌握了歐洲大半財富，也建立了綿密的政商版圖與社會地位，音樂家蕭邦、羅西尼，作家巴爾札克、海涅，都曾為這個家族創作。「錢是那個時代的上帝，」書中引述作家海涅的話說：「Rothschild則是上帝派來的先知。」關於這個家族傳奇的書至少有三十三本，本書作者為牛津大學歷史學家，書中對於這個歐洲史上創造最多財富的家族，有深入且精采的觀察與批判。(沈雲驄)

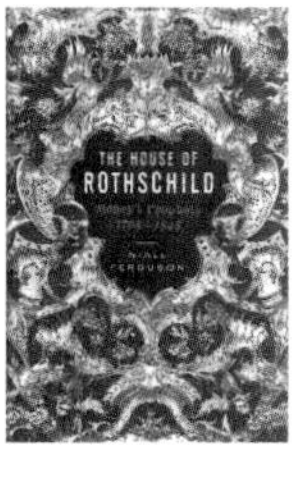

《The Autobiography of Andrew Carnegie》

Andrew Carnegie / 著 (Northeastern University Press)

卡內基，是十九世紀到二十世紀初，與摩根、洛克斐勒等齊名的鉅富。他是個蘇格蘭移民紡織工人的兒子，童年家境貧寒，但以誠實著名，一次撿到五百美元，相當於十年工資，仍然物歸原主。後來他因緣際會，從一個電報員進入投資的世界，終於成為美國的鋼鐵大王。卡內基熱愛讀書，終身有投稿報紙的習慣，出了好幾本書，其中他這本自傳很有代表性。

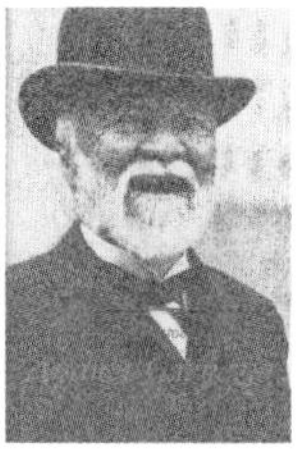

這本自傳是他在1914年，八十歲生日的時候寫就的，不但寫出自己奮發向上的一生，也可以當做觀察十九世紀美國社會與生活的一面視窗。卡內基的文筆很生動，加上他諸多親身經歷或耳聞的名人軼事，因而從總統到國王到文豪，在他的筆下都栩栩如生。這本書描述了一個勵志的故事，也展示了一個西方富豪的人生哲學。(傅凌)

《The Wealthy 100》

Michael Klepper & Robert Gunther / 著 (Carol Publishing Group)

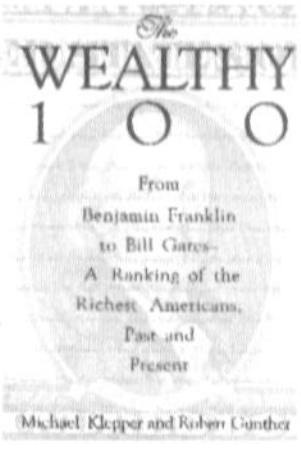

本書可以譯為《美國百大富豪》，因為全書講的一百個人都是美國人。書中所列的人物，大致起自十八世紀，截至二十世紀止，從開國時期的華盛頓與富蘭克林，到網路時代的比爾·蓋茲與麥克·戴爾，都收錄其中。雖然這一百個人之中也有很多是台灣讀者所不熟悉的，但是讀這些人的故事，可能有助於我們從另一個角度了解美國的歷史。以詹姆斯·希爾 (James J. Hill) 的故事來說，除了講一個卓有遠見的富翁的誕生之外，還可以了解美國大西部開拓與鐵路的關係。由此，也可以體會為什麼會有人說：紀元前4004年的時候，上帝創造了世界。不過，這個世界在1901年的時候由詹姆斯·希爾、摩根 (J. P. Morgan)，以及洛克斐勒所重組。(傅凌)

《香港首富李嘉誠傳奇》宋樹理 / 著 (詠春圖書)

覺得台灣太小，賺不到大錢？建議你讀一讀和香港富豪李嘉誠有關的書。包括這位華人首富在內，全世界有十二位億萬富豪是來自面積只有不到1,100平方公里、人口不到七百萬的香港。《富比士》雜誌估計李嘉誠2002年的身家淨值高達100億美元，遠遠超過西方你我耳熟能詳的富翁如索羅斯（排名37）、梅鐸（排名45）等。從白手起家，到今天在兩個兒子李澤鉅、李澤楷的協助下於全球大舉攻城掠地，李嘉誠寫下了華人世界最富傳奇色彩的致富故事。雖然截至本書出刊為止李嘉誠尚未親筆立言，但坊間已有不少人為他作傳，儘管品質參差不齊，多少還是能讓讀者認識這位天才企業家創造與累積財富的經過。李嘉誠的工作熱誠、商業手腕與經營眼光固然值得學習，但是更值得深思的恐怕是：何以這個一無所有的潮州青年，可以在一度貧窮且如此狹小的土地上出發，最終創造驚人的企業帝國？(沈雲驄)

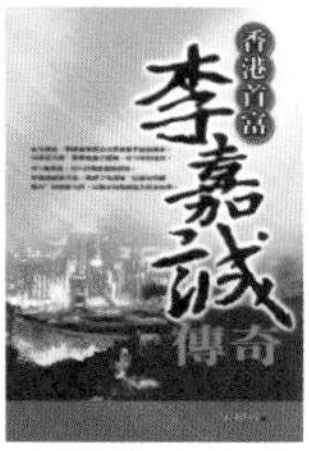

《孫正義正傳》大下英治 / 著 許史金 / 譯 (商周)

日本軟體銀行創辦人孫正義的成功，證明了在創造財富上，創意與勇氣，有時遠比資金與經驗來得重要。相較於傳統日本企業家傳記，本書作者大下英治筆下的孫正義，有比較少的省吃儉用、低頭哈腰等日式風格，卻有比較多的特立獨行、孤注一擲的美式作風。雖然，本書對於孫正義財富累積過程的交代並不徹底，但是書中所提到關於孫正義創業與經營上的許多事件，倒是可以看出，魄力與膽識確實在他的致富路上扮演了關鍵性的角色。孫正義曾將經營企業比喻為飛行，有人喜歡在視線清楚下駕駛小飛機，而他卻偏好在渾沌宇宙中駕駛太空梭。「企業越大，我越是遊刃有餘，」他說。當然，網路股價泡沫破滅後，軟體銀行的股價一路斬到腳踝，也摧毀了孫正義的帳面財富，不過，這並無法抹去這位「日本網路教父」值得學習的特質。(沈雲驄)

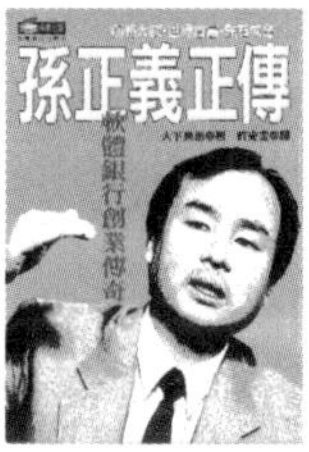

《松下幸之助傳》 郭泰 / 著 (遠流)

市面上有關松下的書不在少數，相較之下本書雖稍簡略，但最大的好處是節奏明快，可以一氣讀完，對他的一生有個基本的了解。

「每個人都有自己該走的道路。……不管這條路是好，是壞，這是上蒼給你的路，也是你必須走的一條路。只要選定目標，堅持地走下去，必能走出一條成功的道路。無限的喜悅，將由此湧現。」這是松下幸之助的名言，也是他一生最佳的寫照。他以名、利、壽三者俱備，成為財富擁有者的理想典範。而這本傳記正好把他幼年的挫折，青年時期的淬勵奮發，及中年之後的睿智，各階段的成長過程都完整陳述，躍然紙上。讀完本書，對松下有個基本認識後，再去閱讀他自己所寫作的許多書，是很適當的入門。(傅凌)

《王永慶奮鬥史》 郭泰 / 著 (遠流)

即使在這個重科技、學歷的所謂「知識經濟」時代，王永慶，這位小學畢業（而且成績不太好）、在傳統產業中發跡的創業家，仍是所有學習創業者的最佳榜樣。在這本1985年出版、目前為止銷售超過十二萬冊的傳記中，讀者不但可以看到王永慶如何創造、累積與維持財富，還可以了解王永慶在致富後，如何實現自己的理想。從米店小工開始，到轉行磚窯，到成為塑膠大王，最後成為台灣最有錢的人之一，王永慶憑恃的是毅力、效率、勤奮、節儉，以及追根究柢、一絲不苟的工作精神。雖然本書副題為「立志成功者最好的一面鏡子」，但我認為創業者應該把本書當做梳子，好好用它來整理自己的思緒。假如你想要成為創業型的富翁，絕對不要錯過這本書。(沈雲驄)

《我的賺錢自傳》 邱永漢 / 著 (財訊)

邱永漢是台灣人，因為政治因素的考慮，1950年代住過香港，然後到日本常住。他原先以文學聞名，最早從香港時代開始創作，接著以得到日本文壇的「直木」賞而名噪一時，但他後來最為人所津津樂道的，是他改寫投資與股票相關的文章，自己也成為所謂的「股票神仙」。本書原先是應雜誌社要求而連載的一個專欄，後來結集出書，不過因為其中各篇文章的時間都有所連接，所以閱讀的氣氛不虞中斷。這本書裡，最有趣的一個觀點是，當別人問他怎麼成為「股票神仙」的時候，他說：「因為我對股票一無所知。」他為什麼如此說？那就要讀讀這本書了。(傅凌)

《The House of Morgan》 Ron Chernow / 著 (Grove Press)

橫跨三個世紀，摩根是美國史上最傳奇的銀行家族。尤其在十九至二十世紀之間，摩根將勢力滲透到歐洲政府高層，展示實力，卻也引起爭議。雖然今天這個家族成員的財富規模已經退出富比士的億萬富豪排行榜，但百年來從發跡、衰弱到振興的過程，一直是企業史研究者最感興趣的題材。作者將摩根家族從1838年至1989年間的歷史，分為三個階段探討，在書中我們可以看到，兩次世界大戰與兩次重大股市崩盤，雖然打擊摩根家族的元氣，卻無法摧毀它盤根錯節的命脈。

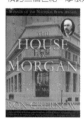

本書出版後便佳評如潮，並拿下1999年美國國家書卷獎，無論你為了什麼原因閱讀，都值得強力推薦。(沈雲驄)

與財富有關的文學與休閒
Literature & Leisure

對財富的想像，是文學與藝術創作重要的靈感與動力。現實生活中對財富的喜悅、渴望、憎恨與憤怒，被創作者在想像的空間裡盡情激化之後，可以是正義的化身，也可能是成長之前的幻滅……

《紅樓夢》 曹雪芹 / 著 (桂冠)

悲金悼玉的《紅樓夢》在「賈不假，白玉為堂金做馬」的榮寧二府中上演。賈府既有累世家資，宮中又有元妃娘娘，無論財富和權力都堪稱為四大家族之冠。然而小說裡競豪誇富的場景，目的不在於鋪展、宣揚這位居世俗顛峰的美好生活，炊金饌玉，其實是一個家族徹底瓦解之前漸響的喪鐘和哀音。

我們看到鳳姐兒在場面上多麼豪闊嬌貴，背地裡與平兒、鴛鴦商議著把賈母用不著的銅錫器皿或隨身首飾變賣折現；寧國府在過年前的農莊收入也寒磣酸澀，全無世家望族的氣象。即使酒詩風流的大觀園，終究也得在眾詩人小姐們手裡尋找蒔花種菜、出脫銀子的生計。

「為官的，家業凋零；富貴的，金銀散盡」，財富堆積出來的樂園終要歸於「一片白茫茫大地真乾淨」！(狐狸)

《Great Expectations》 Charles Dickens / 著 (Penguin)

財富令人心花怒放，尤其是天外飛來的橫財，在小說《Great Expectations》裡，狄更斯就為筆下的人物安排了一則讓人眼紅的際遇。皮普出身貧苦的鄉下，卻因為一筆意外的財富，搖身一變成為倫敦的商業新貴，眼界大開，也改變了對待事物的態度。財富讓皮普完成自己的夢想，幫助需要幫助的朋友，卻也逐漸取代了生命中的其他價值。財富可說是皮普一生希望之所繫，用來掩蓋自己卑微的過去。但既然狄更斯不是在寫童話，就沒有理由讓皮普這樣幸福快樂下去。

在皮普的金主意外出現後，皮普最後決定將不義之財脫手，正式結束了這段長達半生的發財夢。藉由財富的來去，小說彰顯了財富、道德和自我認同的深度糾葛。而結局說明了，財富的希望幻滅之後，才是自我成長的開始。(李康莉)

《基督山恩仇記》 *Le Comte de Monte-Cristo*

大仲馬 (Alexandre Dumas Père) / 著 黃燕德 / 譯 (桂冠)

從來沒看過花錢是可以如此大快人心的。三個仇人，一個為女人、一個為權位，另一個則因為嫉妒，構陷鄧迪斯。二十年後，鄧迪斯卻以意外獲得的寶藏，化身為基督山伯爵，然後以他的財富來實現正義的復仇。三個陰狠讎敵都不是為金錢而陷害他，但窮小子最終卻以財富完成他的復仇，從這可看到，大仲馬藉此彰顯財富不可抵抗的力量。

然而，財富不僅是復仇的利比，同時也是回報恩情的餽贈。在他身陷囹圄之際，曾經幫助他年邁老父的恩人，在逃離生天一夕致富之後，就暗地裡一一報答。

基督山伯爵的快意恩仇全憑運用財富達成。個人情仇與世間善惡，在暢快淋漓的情節下，都藉由金錢加以賞善罰惡。在這裡，財富不但是榮耀上帝，更是正義的化身。 (Leftmoon)

《大亨小傳》 *The Great Gatsby*

費滋傑羅 (F. Scott Fitzgerald) / 著 喬志高 / 譯 (時報)

對蓋次璧而言，財富，就像他書房裡所陳設的書本，雖令人目不暇給，但只不過是一種擺設，愛情才是他人生的價值所在。

復古豪宅，亮眼時髦的汽車，無數的傭人，一套套特別訂作的華麗西裝，以及不時舉辦的大型夜宴，種種的闊綽，在蓋次璧而言，不過是個舞台布景。華麗的舞台，是為等待心上人黛西的菇臨，蓋次璧浪漫地以為只要公主見到他這位王子，就可拾回五年前的那段愛情，實現他的夢想。或許夢想總是太過亮麗炫目，以至於使人看不清現實的陰暗，甚或不願意正視，於是誠摯單純的蓋次璧總是看不到黛西的虛偽與虛榮。

人們往往以財富為夢想，然而蓋次璧的財富，只是在布置一個重燃愛情的環境，他不用財富買愛情，而是用財富等待愛情。 (Leftmoon)

《金銀島》 *Treasure Island*

史蒂文生 (Robert Louis Stevenson) / 著 陳馨 / 譯 (台灣商務)

讀者可能還記得那部卡通，尤其記得跌跌跛跛響義肢的可怕傢伙，他凶狠陰沉，狡詐又反覆無常。然而這不正是追尋寶藏的典型性格？當一艘船乘風起航，各懷鬼胎的人們一同出發尋找夢中的金銀島，他們要面對的不只是自然的風浪威脅，更可怕的當然是彼此之間的爾虞我詐。史蒂文生在這個冒險故事裡指出，在追求財富的路上，正義或道德並不是有效的武器，當然，陰險毒辣的招數也不足以作為指標，通往財富的起點與關鍵點在於勇於冒險的浪漫精神：相信寶藏存在，為了寶藏可以赴湯蹈火、逞強鬥狠，也可以互相扶持、各取所需。尋找寶藏與個人貧富程度無關，只是一個人生目標，觸及遙遠之地，夢想不一樣的世界。追尋的過程驚險刺激，比實際可數的財富還要動人。 (狐狸)

《牧羊少年奇幻之旅》 *El Alquimista*

保羅‧科爾賀 (Paulo Coelho) / 著 周惠玲 / 譯 (時報)

牧羊少年夢到寶藏所在，因而歷經種種追尋考驗，終於找到了寶藏：那寶藏正埋在家鄉的教堂裡。這種尋覓、歸返與獲得的模式在英國童話的《薩法姆行商》中已經出現，保羅‧科爾賀將此一歐洲故事原型擴大為宇宙意識的追尋與體認，詳細鋪敘尋寶途中的磨難與神啟經驗，「尋寶」其實形同「朝聖」，「煉金」則正是對個人生命的提煉與滌蕩。

尋寶／朝聖途中，愛情、安定的生活既是目標，是驅策少年前進的動力，同時也是羈絆與懈怠。而擺脫羈絆的方法在於傾聽自己內心的聲音，從不斷地受外界影響干擾、因外界變動而變動，到逐漸找出自己的意志，並藉著與內心的對話達成與風、與陽光、與宇宙之心的冥契。寶藏就在自己心中，就在對自己和宇宙的重新認識中。 (狐狸)

《巴比特》 *Babbit*

辛克萊‧路易斯 (Sinclair Lewis) / 著 潘慶齡 / 譯 (桂冠)

要表達對中產階級的不爽，標示自己的邊緣傾向，總是有許多可怕的說法。除了用最沒創意的「小布爾喬亞」，你還可以說他是「巴比特」。拗口，炫學，讓人產生和兔子有關的怪異聯想。事實上，《巴比特》不是兔子，和閨夫案也沒關係，是美國小說家辛克萊‧路易斯的長篇小說。故事發生在美國經濟繁榮，暴發戶遽增的黃金二〇年代，一個年近半百、事業有成的美國商人，試圖逃脫房子、車子和交易所構築的富裕安逸的生活囚籠。巴比特的一天在刮鬍子、換西裝、發動汽車、商業交易、設定鬧鐘中度過。因為心思已趨愚昧、世儈，無法像品行高潔的古代英雄進行悲劇性的反抗，只好在瑣碎現實的全面包抄中，用僅剩的外遇激情當做出口。一種《美國心玫瑰情》式的現代噩夢。 (李康莉)

《浮華世界》 *Vanity Fair*

薩克萊 (W. M. Thackeray) / 著 宋碧雲 / 譯 (桂冠)

道德是沉悶的。如果沒有女主角貝姬，《浮華世界》將又是一本諷刺致富心態、歌頌貧窮光輝的人道主義教科書。薩克萊雖然批評攀炎附勢的可笑心態，不提財富的正面價值，卻對貝姬的社交手腕充滿了讚嘆的描述。女主角貝姬，以「雙B」作為籌碼，從社會結構的受害者鹹魚翻身，進身英國十九世紀的頂尖階層。她種種頗富魅力的不道德行徑，不但透露了財富與道德更深層的拉扯，也反證了一個不道德的社會結構。貝姬的名言：「如果一年有五千英鎊，我也可以當一個貞節烈婦。」揭示了道德論述有時只是有錢人用來箝制窮人的緊箍咒，提前為本世紀《慾望城市》影集的風靡鋪了路。如今，「浮華世界」一詞擺脫了原先的道德枷鎖，成為每月出刊的頂級雜誌，也透露了小說最後的去處。 (李康莉)

《拍賣蘇富比》Sotheby's : Inside Story
彼得‧華特森 (Peter Watson) / 著　李永平 / 譯 (新新聞)

這是一本驚心動魄的「狗仔日誌」，挖掘的不是政經名流或演藝圈的酒色醜聞，而是最高雅、最精緻的骨董和藝術品。

一般來說，「財富」是一種數字，可以衡量一個人所應獲得的待遇，它是人間最無往不利的標籤，任誰都得對它哈腰鞠躬。只有「藝術」可能是少數可以和這個數字比拚的東西：她是一種財富，必須用財富去交換，兌換的標準尤其怪異，往往越容易損壞、不見天日的時間越長的，能夠換到的數值越大。藝術是如此崇高，足以推翻一切數學公式，於是，她所代表的就不只是一組數字，還包括一種不能以「長」或「重」隨便命名的階級。

正因如此，她當然特別具有炒作的價值。尤其在崇高的背後，事實上仍然實踐著某一套庸俗而陰險、數字導向的兌換規律…… (狐狸)

《威尼斯商人》The Merchant of Venice
威廉‧莎士比亞 (William Shakespeare) / 著　方平 / 譯 (木馬)

莎士比亞可能會告訴我們一件事：錢很重要、很有用，但總和法律脫不了關係。人們首先要注意別跟放高利貸的吸血商人交易；其次，就算交易，契約上也不可以金錢之外的東西作保，尤其別以為吸血商人不會不要錢、只要自己身上的一磅肉。同時，吸血商人們也請小心，只要熟讀法律，契約上的一磅肉就是一磅肉，雖然法律允許你割人肉，但可沒准你加減斤兩，更沒說割肉時可以濺出一滴血。法律從數百年前就和金錢牽扯不清，一旦法律朝金錢靠攏，加害者就可以鑽法律漏洞；人們若想自保，請趕快掌握法律，讓金錢向正義投降。最後，實現正義的聰明妻子告訴我們，真正的財富不是任何有形的東西，也不是在財富中打滾的好商人或壞商人，而是一個睿智勇敢的女人。(狐狸)

《奢侈與資本主義》Luxus und Kapitalismus
維爾納‧桑巴特 (Werner Sombart) / 著　王燕平、侯小河 / 譯 (上海人民)

歐洲海權國家從大航海時代開始，經由貿易或搶劫、戰爭，積極拓展海外財源，除了一部分繼續支援對殖民地的武裝行動，其他的大量財富都到哪裡去了？這本書指出，這些財富都被很奢侈地消費掉了。沒落貴族和新興工商業鉅子之間的微妙敵視，以及君王們的宮廷品味，促使早期資本主義以消費為尚。這其中還有一個力量，來自於宮廷和沙龍等社交場合中活躍的情婦、宮娥、交際花、名妓等「貴夫人」式的女性。她們的宅第、飲食、服裝都極盡奢華，不但成為富有程度的指標，也創造了「需求」——有需求才有更大量的供給。於是，資本主義就從累積財富轉向表現奢華，能夠在衣服上多縫一個精巧的純金鈕扣，即使負債百萬、全家斷炊也沒關係。(狐狸)

《一千零一夜》李唯中 / 譯 (遠流)

阿拉伯世界的一千零一個夜晚，講述的幾乎都是財寶的故事，無論阿里巴巴與四十大盜，或者水手辛巴達的海上歷險，乃至於阿拉丁的神燈等等，都是財寶的尋覓、發現與爭奪。乾荒疊絕的沙漠裡，藉著傳述不斷的故事而埋藏了某個珠寶神窟，故事中的人們夜復一夜，不斷尋找這個解脫困苦的可能性。

這些金銀珠寶象徵的不只是沙漠居民渴望的富庶，其實更是一種說故事的能力。莎赫札德以一連串的故事編織夜晚，這些故事共同渴望著的財富，其實正是傳述、想像、編織的智慧和靈敏。

此外，說故事的能力除了象徵著財富的多寡，還聯繫到沙漠生活裡最嚴酷的考驗。莎赫札德的生死存活，端看她這一晚是否能夠再說出一個迷人的故事，這些故事是足以換取生命的財富。(狐狸)

《胡雪巖》高陽 / 著 (聯經)

在1993年版的《胡雪巖》上冊第885頁，提到一個叫龔振麟的人對胡雪巖的觀感：「原來以為胡雪巖太辣手，現在才發覺是『極漂亮』的一個人。」

的確，如果要用最簡單的一句話，把七大冊小說所要描繪的這個人說透，那就是「極漂亮」。今天胡雪巖的故事，借由高陽的筆，已經為華人世界所周知，「紅頂商人」，不只是個琅琅上口的名詞，更成了有志致富者的一個模範。然而，胡雪巖的「極漂亮」，卻不見得受到同等的注意。大家都忙著說，《胡雪巖》可以當成經商致富的教科書。說這話的人，其實都是在蹧蹋這套書。因為「漂亮」哪經得起從教科書裡學。

讀《胡雪巖》，先不必學，重要的是，得先看出這個人的漂亮，超脫出各種歸納文字之外的漂亮。當然，這得細細體會著高陽文字的漂亮。

高陽寫作這本書的功力，處處可見，不過有一段胡雪巖不怎麼漂亮，可以說間接導至他日後之敗的情節，值得一說。胡雪巖要整頓錢莊，想到一個顧全大家顏面的方法，要各錢莊掌櫃的輪調。有紕漏的大掌櫃唐子韶緊張之餘，想到借自己老婆月如（以前是胡家婢女）「身上的東西」一用，借辭請胡雪巖來家吃幾個菜，讓月如和胡雪巖在樓上成了一段好事。事後月如一哭，破了胡雪巖的佈局，打消掌櫃輪調之議。這一段故事，牽涉許多。高陽寫錢莊的經營，寫人心之險，寫幾個菜的做法，寫一段旖旎風光，情節交錯，舒緩有致。尤其寫胡雪巖的心情，別見功力。胡雪巖聽到月如把門關上的時候，不是沒有警覺到其中可能有仙人跳的陷阱，但是他想這兩個人不敢，「看起來是有所求，出此下策，沒有什麼大不了的。這樣想著，心思便野了。」一個富翁的精明與大意，躍然紙上，真是神來之筆。(傅凌)　　■

有關財富的18個網站

　　要在茫茫的網路世界中，找到和「財富」有關的網站不難，但是要找出品質佳、可信賴，且能穩定經營的，就不太容易了。許多業者確實很用心製作內容，企圖為讀者提供能「完全搞定」的理財資訊入口，結果卻是使得讀者在雷同程度甚高的眾多網站中難以取捨。要在數以萬計的網站中選出「有代表性」的十八個網站，是完全不可能的事，以下所介紹的部分網站，只能算是我們在自己的偏好與習慣中，所發現非常有限的網路資源。讀者極可能隨時發現比下列網站更好的選擇，我們歡迎您和「網路與書」的讀者分享（請至我們的網站www.netandbooks.com），也希望讀者能在更多資訊的協助下，更清晰地思考財富，更理性地面對自己財富的未來。

文／沈雲驄

世界經濟史開課！哈佛歷史學家親自講授
http://www.hbs.edu/bhr/

　　對於經濟史或商業史有濃厚興趣的讀者，絕對絕對，不要錯過這個網站。由哈佛商學院（Harvard Business School）出版的《商業史評論》(Business History Review)長期以來一直是經濟史家必讀的學術刊物。在「商業史評論」所設立的這個網站上，讀者雖然無法免費看到完整的論文，但卻可以從論文摘要與搜尋器中，找到自己有興趣的題目。從網站上可發現，從1954年創刊以來，學者們的研究領域包含甚廣，從中國的製茶工業發展，到巴西的企業家精神，都曾經是研究題材。這份期刊來自西方，研究範圍卻遠遠超出西方世界的範疇。另外，如果你喜歡老照片，該雜誌也收集了不少和經濟發展相關的珍貴圖片，雖然無法在網上瀏覽，不過若你有特定的題目，倒是可以在目錄中查詢。

諾貝爾黃金屋，經濟學家勤讀書
http://www.cnnobel.com

　　諾貝爾經濟學獎，不只是經濟學界的最高榮譽，也是人類經濟行為研究的重要成就指標。如果你想從經濟學理論中認識財富，這個網站是上上之選。第一，在這裡可以找到歷屆經濟學獎得主和研究貢獻的相關資料，其次，本網站也收錄了多篇相關的中英文研究論文，第三，這裡也介紹相關的出版品，其中大多都是台灣較少見到的書籍。另外，同樣值得一題的是，本網站中也替讀者整理了各種與經濟學研究相關的中英文網路資源，當中有不少還是一般人不太容易查詢到的資料，例如多位諾貝爾經濟學獎得主的個人網頁、國際組織網頁、中國政府經濟與金融相關機關網址，以及學術機構的網頁等。對於想在網路上的經濟學世界裡認識財富的人而言，這個名為「似乎有知識」的簡體字網站，「似乎」也處處藏著財富的答案。

聚寶盆裡學問大，中國富翁不同凡響

http://www.anthropocentre.com

這個標榜「以人為本理念策源地」的簡體字網站，是由前河南大學兼職教授巫繼學創辦及主持。在這裡除了可以看到「具有中國特色」的經濟學理論與評論，還提供了許多非常實用而精采的網路相關資源。如果你關心或研究經濟學理論，在本網站的「附頻道」下，可以找到各種學術經典與網路上的參考資源，中英文都有；假如你想認識中國大陸上的經商機會，這個網站也能讓你查詢中國上市公司的基本資料；如果你投資中國股市，這裡也即時報價系統；若想研究中國企業家，強力推薦本網站中關於「中國企業家」的研究報告，相信能讓你對中國企業家有較深入的認識。

沒去過華爾街，投資也能全球化

http://tw.finance.yahoo.com/

對於關心自己財富變化的人來說，這是個相當實用的入口網站。尤其若你手中有較多投資，無論投資的是台灣股市、國外股票、基金、外匯或期貨，無論你想看大盤或個股，無論你想看最新行情或歷史走勢，只要輸入代號與日期，這裡都能讓你找到最新的行情資訊。若你是該網站的會員，這裡還提供免費的個人投資組合追蹤服務，將你海內外所有投資標的填上，該網站就會按照最新的行情變化，替你計算績效。假如你英文閱讀能力不錯，還可以到連結的英文網站逛逛，會有更多相關的理財與經濟新聞供你參考。

滑鼠變成招財貓，股票情報滾滾來

http://www.cmoney888.com/

如果你想要學華倫‧巴菲特，在股市中撈取財富，這個網站你應該瞧瞧。這裡有最新的股市與理財新聞，也有各投顧公司所提供的技術分析與趨勢預測，以及三大法人的每日動態、上市上櫃公司重大訊息和市場交易資訊，想研究股市的人應該可以在這裡找到不少材料。另外，假如你有投資中國或美國股市，這裡也有關於這兩個市場的新聞、股市報價與市場研究報告。對於比較專業的投資者，或是關心國際經濟情勢變化的人，該網站還會定期為讀者整理「全球財經行事曆」，包括各經濟體的經濟統計數據如經濟成長率、消費物價指數等，都可在這裡一目瞭然。

買基金有撇步，下單前多拜碼頭

http://www.gogofund.com

已投資共同基金，或是正打算投資共同基金的人，不妨到這個網站看看。如果你是基金新手，該網站有股票、基金、房地產、理財等多個網路「教室」；如果你已經進入基金的世界，這裡能提供你國內所銷售的各種基金最新淨值與歷史績效。雖然網站上每天會更新各種新聞，不過讀者也應該瀏覽各種和基金投資相關的研究報告。投資成功的最重要關鍵之一，就是要避免人云亦云地盲目跟隨潮流，建議你在閱讀各種相關的理財新聞與報告時，都得隨時提醒自己應獨立思考，才不會被五花八門的訊息牽著鼻子走。

理財工具個性化，讓你當錢的主人

http://www.udnemoney.com

這裡有國內股市、國際股市、房地產、基金、銀行與保險等相關內容，企圖滿足讀者的所有理財與投資需求。該網站最大的特色，

除了挾著聯合報系龐大的新聞資源，提供讀者相當完整的投資理財新聞，另外一項相當有創意的設計，是該網站所開闢的「DIY區」，讀者可以根據自己目前的狀況 (例如單身、已婚或退休)，輸入自己想查詢的項目 (例如存款、保險、申請信用卡、貸款等)，找到比較適合自己的投資與理財選擇。有別於其他網站大多提供基本的原則，該網站會直接提供各家金融與投資機構的相關產品供你挑選。不過，還是要提醒你別被過多的資訊沖昏頭，做任何投資決定之前，最好先理智地算計算計。

全球富豪排排站，財產輕鬆查

http://www.forbes.com

對於想了解富翁的人而言，富比士絕對是最佳的網站。富比士不但每年定期追蹤全球億萬富豪的財產變化，並且針對全球CEO的薪

資、全球企業規模、最佳企業表現等重要議題進行大規模的調查，率先公布在網站上。讀者只需到「List」的子目錄下，就能輕鬆查詢各種統計排行，尤其是1987年以來的全球大富豪財富消長，是本站最大特色。假如你也關心自己的生活品質，本網站和一般理財網站的另一個差別，就是開闢了「Life Style」區，提供各種最新的相關訊息如汽車、旅遊、精品收藏等。另外，仗著富比士在財經資訊的雄厚背景，該網站的新聞與評論水準自然也不在話下。

傻瓜變成大富翁，人人都是理財專家

http://www.fool.com

相較於一般投資網站的正經八百 (畢竟牽涉到你我錢包)，這個網站最大的特色，在於透過輕鬆詼諧 (有時還帶著嘲諷) 的寫作，幫助讀者

進入投資的世界，認清各種似是而非的理財觀念。儘管這個美國網站上有許多消息與理財方法，完全不適用於台灣 (例如經常大篇幅出現的退休金理財規畫，以及投資組合管理等)，不過整體而言，網站中所提供的許多內容，無論是入門工具 (如Fool's School) 或投資策略的建議 (如Investing Strategies)，都能給台灣讀者不少啟發。特別推薦網站中的「個人理財」(Personal Finance)，提供你從還債、買保險，到買車子、買房子等各種理財目標所應具備的正確觀念與方法。

老闆不在家，上班族充電有妙法

http://www.emba.com.tw

這個由管理雜誌《經理人文摘》(EMBA) 所經營的網站，是頗適合管理者與上班族充電的中文網站之一。從經營策略、企業領導

到管理行銷、電子商務、人力資源，這個網站都有不錯的資源供讀者參考。習慣看英文並且平常大量閱讀英文財經刊物的人，或許不能被這個網站滿足，但對於平常較少機會看國外雜誌與網站的讀者來說，這裡倒是個快速充電的地方。雖然該網站處處都有明顯促銷旗下各種產品的企圖，不過並不影響網站上其他文章的閱讀價值。而且就算你不是該雜誌的讀者，仍可在網上免費閱讀國內外許多不錯的文章。

CEO的每日綜合維他命

http://www.ceoexpress.com

　　從網址就可以看出，這是專門給CEO看的網站。如果你是CEO，而且自認英文能力不錯，這個網站可以讓你和國際上的CEO社群保持密切關係。進入這個網站，你可以按照需求，盡情遨遊各種財經媒體，無論是最新的管理技巧、財經議題或市場消息，都能從這個網站找到。就算你不是CEO，其實也建議你常到這樣的網站瞧瞧，一方面，看看近來的財經媒體都在報導哪些事情，弄清楚CEO最近在想什麼、做什麼、注意什麼，二方面，也可以藉由網站上所提供的各種進修資源，給自己充充電。特別要推薦的是，這個網站針對各產業提供子網站，例如財務、通信、金融等，讀者可以按自己所處的行業，找尋實用的最新資訊。

掌握先機的全球財經火藥庫

http://www.reuters.com

　　網際網路最重要的貢獻之一，就是讓更多人能以更低的代價，取得過去無法取得的資訊。以前，只有大企業與大媒體才有足夠的財力訂閱路透社的財經資訊服務，今天，從路透社的網站上，讀者們就可以掌握全球最新的財經資訊。當然，這個新聞網站所提供的內容包羅萬有，但最有價值的，還是財經與科技發展的相關報導。無論是全球股市盤中和盤後的行情，或是科技與商情的最新發展，這裡有相當權威的最新訊息。該站甚至有一個專門提供亞洲新聞的路透亞洲（Reuters Asia），提供來自中國大陸、日本等重要國家的商情資訊。如果你希望讓自己在高度全球化的商業世界中，比別人掌握更多優勢，這是個應該多多利用的網站。

博覽富豪傳記，提煉致富祕笈

http://www.biography.com

　　如果你想在網路上找尋成功富豪的傳記，這可能是最好用的網站之一。無論是企業家、運動員、演藝人員或政治人物，只要輸入你想找尋的富翁名字，或是按照英文字母查詢，除非是非常陌生的名字，否則應該都能找到答案。例如Rockefeller (洛克斐勒家族)，就有高達九十篇的相關傳記。可惜，該網站所收錄的華裔富豪還是太少，包括王永慶、張忠謀、李嘉誠等大家所熟悉的名字，至少到四月初為止，都還是沒有傳記被收錄在這網站中。另外，該網站還會每日更新最新的消息，並將最熱門的人物放到首頁上，方便讀者查詢。

本土大亨的商情中心

http://www.cnyes.com

　　如果你的英文不夠好到可以看國外通訊社的新聞，這個名為「鉅亨網」的財經專業網站，可以解決你大部分的需求。這個網站有付費區，也有免費區，無論你是投資台股、大陸B股、港股或美股，無論你想知道台灣或上海的賺錢機會，無論你想查詢利率、匯率、期貨或股價，這個網站都有滿不錯的新聞與技術分析，給你做參考。另外，網站業者也和國內多家財經雜誌合作，提供部分最新內容讓讀者免費閱讀。在致富的路上，資訊真的很重要，如果不想和過去一樣根據道聽塗說的小道消息買賣股票，建議你多到類似的新聞網站逛逛。

黃金單身漢，身價比一比

http://www.people.com

假如你覺得biography.com的資料不夠新，想查詢大富豪與大企業家們的最新動態，這個由《People》雜誌設立的網站當然是首選。關於華裔富豪的新聞，這裡還是不多，只有少數已經進軍好萊塢的演藝人員，才有較多資料 (例如李連杰、楊紫瓊等)，不過，如果你對於西方的名人有興趣，無論是巴菲特的最新身價，或是職業運動員的年薪、大明星最新的片酬或動態，都可以在網站上找到答案。可別以為這裡報導的都是八卦，其實許多訪談的品質極佳，對於學習者有不錯的啓發作用，而且網頁編輯會貼心地在專訪相關文章的旁邊，整理出各種基本資料如年齡、行業與重要事業成就等，替你省去另外找資料的麻煩。

逛一次名人沙龍，勝讀十本致富祕笈

http://www.salon.com/people

salon.com是個多次獲獎的網站。該網站旗下的People網頁，也經營得有聲有色。

其中，和前面兩個網站最大的不同點在於，這裡除了人物介紹，還有一個叫做「brilliant career」的子欄目，收集了各界成功人士的最新訪談與介紹，從作家到演員到企業負責人到生化學家，仔細閱讀，或許可以從他們的故事中找到成功的鑰匙。當然，你可能會覺得，這個網站所訪問的人物，大多是你從來沒聽過的名號，不過並無損於這些故事的閱讀價值。適用於老外的成功理由，其實也可以做為你朝成功出發的點子。

和亞當‧斯密的親密接觸

http://home.pchome.com.tw/education/u7501111/index2.htm

研究財富的人，不能不讀亞當‧斯密的《國富論》，書中所提出的重要觀點如「資本的累積」、「分工」、「自由市場主義」等，都是經濟學界討論的重點。如果你自認是經濟學的門外漢，擔心自己看不懂也沒耐心看完亞當‧斯密厚達五大卷的《國富論》，強力推薦你來這個網站看看。幾位年輕女性業餘的努力，讓這個網站顯得活潑真誠且毫無商業氣息，在這裡你除了可以看到亞當‧斯密的「履歷表」，《國富論》的內容介紹，還可以從這本書出發，認識古典經濟學理論，以及古典理論與新經濟之間的各種矛盾與轉變。雖然這個網站中有些內容有點怪怪的 (例如用經濟學理論來測驗你的愛情觀，好像不是那麼準哩)，整體而言，對於想要快速進入亞當‧斯密的世界的人，這是個值得參觀的網站。

百萬富翁俱樂部，窮光蛋請留步

http://www.millionairevillage.com/

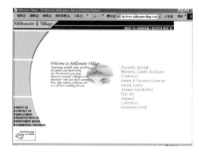

想買台小飛機，或是到歐洲買棟豪宅住一住？來這個網站上逛逛吧。光看網站名稱：「百萬富翁村」，就知道只有有錢人，才夠資格在這裡消費。網站業者表示，該網站的目標就是要滿足富翁們的「生活形態與需求」，提供各種百萬富翁們所需要的商品與服務，例如：私人飛機、豪宅、度假屋、骨董車、遊艇、名畫精品等等。雖然這個網站也可以讓一般人上去逛，不過就像在實體世界的高檔百貨公司，這裡依然不太歡迎窮光蛋，因為在索取各種資訊之前，讀者必須先註冊，而且註冊年費高達一千美元 (新台幣三萬五千元，該網站也提供三十天免費試用)。如果你自認是百萬富翁，而且很想花錢，這個網站或許對你有些實際幫助。

Part VI
品味地圖

富貴的品味

Old Money，New Money，和No Money

口述／蔡康永　整理／徐淑卿

談財富的品味，我覺得不如談富貴的品味。因為「富」應該是和「貴」連在一起的，和「閒」連在一起的。貴是尊貴，也是嬌貴；閒，是空閒，也是閒情。所以，要怎麼享受財富，其實就在怎麼享受嬌貴，怎麼享受閒情。

偏偏這是無從學起的。因為不同背景的人，有不同的生活習慣，有不同的觀念。

就財富中人來說，台灣有兩種，一種是Old Money，一種是New Money。New Money是指那些近十幾二十年發跡，賺了很多錢的人；Old Money則是在那之前的人，有大陸撤退時來台灣的，也有台灣當地家族的。除了Old Money和New Money之外，還有一些人，是小康的，或是中產階級的，我們姑且稱之為No Money。不是真的沒有錢，只是一種譬喻的說法。

我們先來看看Old Money和New Money這兩種人對待財富的態度有什麼不同。

Old Money的錢是花在看不見的地方；New Money的錢，要花在看得見的地方。Old Money可能每天喝一斤兩萬元的茶，也不特別覺得怎麼樣；New Money也許平常喝兩百元的茶，但是客人來的時候喝二十萬元的茶。

Old Money的餐桌上可能同時有鮑魚，也有紅燒肉──鮑魚對他而言也就只是一道菜嘛；配酒就喝紹興到底。New Money吃鮑魚，一定要凸顯鮑魚的特別；喝酒也要隨著菜式換不同的洋酒。總之，要有一定的排場。

有個笑話，一個Old Money的老太爺，家裡沒落，桌上的菜只剩一碗紅燒肉和幾樣蔬菜的時候，還要把肉夾起來扔給桌子底下的狗吃。因為在他的印象裡，狗就是要吃肉的，不是嗎？

財富對Old Money來說像是遊戲；對New Money來說像是武器。

像New Money有錢之後，他可能會說，某某人所有的畫都是我的，因為他知道放出這個話之後，沒有人會跟他搶，錢對他來說就像武器，讓他擴充他的帝國。除此之外，無論買畫、買骨董還是投資，最後算的還是報酬率。

但是對Old Money來說，畫是用來賞玩的，他可能今天掛一幅鄭板橋，過幾天再換一幅齊白石，不會說「什麼人的畫都是我的」這種話。甚至他根本不知道自己家裡牆上那幅齊白石的畫是可以賣的，就算知道，也不清楚怎樣可以賣個好價錢。

這樣，等到他沒落了，錢不夠用的時候，就真不知道怎麼是好。因為生活裡每樣花錢的享受，他都習以為常，覺得是必要的，要他節省也不知從何節起。

台北有些老房子，地價都值個十億、幾億的。但是裡面的房子卻可能破破爛爛的，屋頂還漏水。住的人的組合也很怪，一個老奶奶加一個孫女，再加三個傭人。這些人，告訴他們把房子賣了，可以如何如何，他們也不會處理。因為他就是不懂得怎麼處理，或是懶得處理。

要看這些人，新舞台有崑曲表演的時候，坐前十排的人就是。

Old Money 和 New Money對閒的態度也不同。

我們常看有些美女嫁入豪門，以為她們的日子過得很舒服，但是New Money的家庭還是有那種勤儉持家的觀念，凡事都要自己做，所以其實是很辛苦的，不像外人想像的那樣。

這樣的情形也反映在對待傭人的態度上。

New Money的方式是只要傭人一空下來，就趕緊指使他們做這做那，所以台灣的傭人都被操得半死。許多來台灣的菲傭很可憐，也是這個道理。

舊家族都有一套對待傭人的態度，像《紅樓夢》裡的王熙鳳，傭人該偷的時候就讓他偷，該貪的時候讓他貪，不會每個地方都盯死。Old Money的傭人就是這樣，他知道今天來當傭人，就是為了燒一手好菜。只要把菜做好，你管他去睡幾個小時懶覺。

人數也是，Old Money就覺得，傭人不就是要用十個嗎？怎麼會去想是用一個、兩個的呢？

Old Money對財富的態度就像崑曲一樣，喜歡就聽一段，隨時可以來來去去；但是New Money

就像歌劇，你一定要正襟危坐的坐在那裡。New Money玩的方式就像「事蹟」，是用來展示財富的表徵。

這也不是說Old Money一定代表比較高、比較好的品味，因爲那個時代背景，也會有些現在看來不可思議的品味。譬如Old Money的人曾經相信抽鴉片的孩子不會變壞，他們寧願讓小孩抽鴉片，花的錢可能比他們出社會被別人騙去投資來得好。大家族的人容易培養一種頹廢的品味。

Old Money的人習慣冷淡，你看很多Old Money人的表情常常是冷淡的。但是今天台灣的社會，是很熱情的，而熱情，恰好是Old

Money的人覺得很上不了檯面的。

熱情的人也強調什麼都要分享。但是財富，以及隨著財富而來的品味，就是不能分享的。所以，藝術可以說本來就是爲富人而服務的，爲社會裡頂尖階層而服務的。像有些中南美洲國家提倡壁畫，就是爲了打破由富人壟斷藝術品，因爲壁畫是沒有人可以買走的。

今天台灣的情況是，Old Money 的人已經沒有那個錢了，New Money的人沒有那個素養，No Money的人則是沒有學習的對象。所以對於No Money的人，要學習生活有品味一點，是要付出很大代價，很辛苦的。

辛苦的一個原因是大環境的問題。以展示財富品味的衣服來說，台灣的氣候就不對。沒有四季分明的氣候，就沒有機會學怎麼穿各種衣服的層次。再說，我們也沒有巴黎香榭麗舍那種大道，穿了也沒得表現。就像敞篷車，在台北開敞篷車、開跑車，都是不搭調的，要被笑的。

另外，也因爲台灣發跡的時間太短，財富來得太快，還來不及累積富貴的品味。在台灣很難辦好一個party，不要說是辦一個像香港有錢人那樣的遊艇party，可能連辦一個雞尾酒party也辦不

好——你也許這個那個都準備好了，但是服務生袖子的長度就是不對。

如果有錢人在無錫，想蓋庭園就會以寄暢園為範本，但是在台灣的有錢人，很可能會將不搭調的歐洲古堡家具一古腦塞入室內，庭院整得很大，但就像校園，樹也修剪得很奇怪。

看看歐洲，就知道這些大環境不足的另外一個原因：清朝滅亡之後，我們歷史中就沒有了「貴族」。沒有了貴族，很多事情就沒有傳統，也沒有示範了。

如果我們眞要開始學習享受富貴的品味，我覺得有幾點很重要。

首先是要學會不要問：有什麼好處？有什麼用？台灣人最喜歡問「這有什麼用」，只要還會問這個問題，就不可能培養財富的情趣。享受財富，最重要的就是不是爲了什麼。有錢人家打發無聊做的事情都是沒用的，像辜振甫票戲，很多人都不了解他們爲什麼喜歡這些。

像朱天心家裡可以沒有車，但是卻爲了女兒

花五十萬買一匹馬，這就是懂得不問「這有什麼用」。

其次，要享受，最難的還是不要問代價。因爲一問價錢，感覺就不對了。當然這是有風險的，往往越有錢的人越要負債，像Michael Jackson他那麼有錢還是負債，就是這個原因。因爲他一切都沒考慮到錢。

第三，要及時。New Money都拚命衝刺，然後趕到四十、四十五歲就退休，退休後才去種田養花什麼的，享受財富。都已經筋疲力盡了，一點也沒有享受到「事先攔截」的樂趣。時間是不等人的，要享受，就得現在開始享受。像Old Money 的人會懂得「閒」，就是因爲他們從一出生就在享受了。

最後，我覺得，還得學習如何對待環境，如何對待人。懂得給大家一些彼此都能呼吸的空間。就像前面說的，不必時時都那麼熱情。給別人一些呼吸的空間，也就是給自己一些呼吸的空間。　　　　　　　　　　　　　　　　■

本文敍述者爲作家。

文學裡外的富翁

文／李康莉

英國十八世紀的文評家約翰生（Samuel Johnson）曾說：「不爲錢寫作的人是白癡。」事實卻證明只有極少數的小說家像二十一世紀的J. K. 羅琳，因寫作致富。不論小說家對金錢的態度是不聞不問，還是愛恨交織，既然選擇了文學做爲志業，多半就抱定了與富翁無緣的悲壯心理。也因此，他們能以較抽離的眼光觀察「富翁」這群受人矚目的生物。且看古今中外的文學作品中，富翁以何種面貌出現？

財富是天堂的違禁品？

富翁在宗教文學裡的戲分一向少得可憐。中世紀的宗教劇中，頂多有「財富」這個角色，在主角的天路歷程裡，扮演一個微不足道的誘惑者，一出場，隨即遭到「靈魂」的唾棄，下台和「名聲」、「朋友」、「虛榮」這些有害性靈的傢伙坐在一起。靈魂要進天堂，財富就要拋棄。這就是財富在早期宗教文學裡的普遍命運。

《聖經》有言，「富人上天堂，比駱駝穿針孔還難。」進一步說明了天堂國民所得的平均概況。

中世紀教會把此種禁欲的想法發展到極致。在《十日談》和《坎特伯里故事集》中，我們看到教士們如何危言聳聽：衣服上鑲滾金邊會讓禱告分心，一根肥嫩的烤雞腿會讓靈魂下地獄。當亞當和夏娃在伊甸園都只能吃穀類和果子，每天大魚大肉豈不太挑釁？這些說法，把有錢人、窮人都搞得緊張兮兮，只好乖乖把錢拿出來塞進修士們的口袋。於是，教士們總是腦滿腸肥，像國王；而人民卻越來越瘦，和耶穌越來越像。

但如果你以爲天堂的生活，真的就是「靈魂」富足，拒絕財富進入，那就錯了。且看《聖經·啓示錄》中一段對未來聖城——新耶路撒冷——的描寫：「天上降下來的聖城耶路撒冷……閃耀得像碧玉寶石，光潔得像水晶……城牆是用碧玉造的，而城本身是用明淨像玻璃的純金造的。……那十二個門是十二顆珍珠……城裡的街道是純金。」黃金、碧玉、水晶？到底這些來自世俗的違禁品，如何通過天堂的海關，出現在聖城的描寫？純屬修辭學的意外，還是世俗的想像已經穿透了形而上的宗教領域？當人們在描述不可描述的崇高，是否只能用人間的財富比喻？

事實真相如何，有待將來前往驗證。現階段的我們只能說，富翁在地面上的命運是如此乖違，美國清教徒女詩人布羅史翠（Ann Bradstreet）在自家房子付之一炬，痛心財物損失之餘，還要強打精神寫詩紀念，讚美上帝。

受到這麼多人的衷心愛戴，上帝果然是最大的富翁。

奧斯汀式的財富重分配

《大和拜金女》裡，櫻子揭示了辨識男人身價

的三大鐵律：年收入、遺產、房地產。同樣的原則，也可以在珍·奧斯汀的小說裡得到印證。

雖然有批評者言，奧斯汀的小說實在太不刺激：沒有戰爭、沒有動作、沒有宮廷陰謀，最可怕的詭計在下午茶的八卦中發生，最大的陰謀是如何娶回隔壁的富家千金，散布謠言、搬弄是非成就了書中最大的罪行。儘管如此，在往返的鄉間散步和社交舞會之間，我們仍見證了英國維多利亞社會最細緻寧靜的階級運動：如何藉由婚姻成為富翁。

劇情通常由一位神祕多金的帥哥出現開始，消息在狹小的鄉紳社交圈內散布，女士們競相走告，費盡心機地要將適婚年齡的女兒嫁入豪門。以《傲慢與偏見》為例，貝內夫人就曾經叫女兒冒著雨，長途跋涉造訪賓利先生，最好因此感冒，而在人家家裡多待上幾天，達到近水樓台的效果。

不過，這些外在的逼婚技術都是小意思，真正重要的還是個人內在的修養。

典型的奧斯汀式正義是這樣的：奉承諂媚必定出現反效果、傲慢跋扈的不會得好報。只有像女主角依莉莎白越不把對方看在眼裡，或者更明確的說，不把對方的財富看在眼裡，越有可能讓對方刮目相看，嫁入豪門當少奶奶。

此外，奧斯汀筆下的人物也多半表裡不一。外表傲慢的年輕貴族達西原來有一顆善良的心，忠厚老實的鄉下青年韋漢才是貪財的壞蛋。貧窮不一定因為貧窮而高貴，富有也不一定因為富有而驕矜。看起來有錢的，私下正面臨破產危機，窮途潦倒的，下一秒鐘就繼承了某位遠房阿姨的遺產。財富不一定會扭曲人

性，但惡人一定是名利的奴隸。人性的兩極，在不同的階層呈常態分布。

因此，對打定主意在經濟領域採奧斯汀模式的讀者而言，除了要對標的物的財務狀況和遠房親戚有所認識，更大的考驗是，當他把Tiffany的鑽戒送到眼前，你還要忍住口水，假裝對財富一點不在意才行。

名妓的兩樣結局

在古典小說裡，純愛，往往必須透過殉情來表現。而有錢女人談戀愛，更是下場淒涼。

於是，我們有了〈杜十娘怒沉百寶箱〉的經典悲劇。因為負心漢把錢財看得比佳人重要，要把杜十娘賣給富商，為愛贖身的杜十娘一怒之下，把自己多年積攢的財寶全

數丟棄。人也跳河自盡。

　　果然是一則干犯女性主義者眾怒、政治正確度可議的恐怖故事。

　　而現代的讀者，除了訐譙負心漢之餘，大概都會十分訝異杜十娘的選擇，推想這個女子個性之烈，星座不是天蠍就是牡羊。

　　妓院，似乎在中國的「愛情經濟史」上占有重要的地位。《聊齋》裡亦多的是一覺醒來，妓院成荒塚的奇幻故事。財富的歡樂，縱欲的歡樂總是短暫。富貴、性愛、死亡三位一體。窮書生一夜風流，換來女鬼的奪命追討。

　　相較之下，明代中葉的《警世恆言》，雖名為警世，大抵因為經濟富裕，掙脫了宋明理學的禁欲傾向，透露了些許世故的歡愉。

　　〈賣油郎獨占花魁〉裡，就出現了這樣的說法：名節事小，前途事大。老鴇苦勸王美娘：不要急著贖身，比起清白女子，身無分文的美娘嫁不到好人家。如果待在青樓，反可賺進銀兩，且藉著廣闊的交遊，累積名氣，和挑選達

官貴人的實力。總之一句，凡事為自己衡量。美娘聽從了老鴇的建議，果然在很短的時間內致富，也賺到了一個風光的結局。

　　雖然這次還是愛上窮小子，可總算沒有挑錯人。杜十娘為了愛情犧牲財富，美娘則是看上後半輩子的保障。在賣油郎苦苦追求下，美娘終於被其體貼的心意感動。其中還出現了賣油郎為了見佳人一面，苦等數夜，把佳人酒醉的嘔吐物塞入懷中的感人畫面。

　　當然賣油郎最後不只是賣油郎，他繼承了家業，成為有錢的油商。

　　難得一見的happy ending。

　　那麼，到底錢財和心意哪個重要？杜十娘說，「心意。」

　　王美娘也說：「心意。」但書是，「視財富的多寡而定。」

小說家的拜金生活

　　對許多逃避現實的讀者來說，「無知」是閱讀一本小說的最佳狀態。一張突然出現的作者「玉照」，一段未經證實的八卦，都會讓人飽受驚嚇，破壞作者在我們腦海中完美的形象。

　　雖然費茲傑羅相貌英俊，所有尋找《大亨小傳》裡大亨本尊的讀者，難保不在閱讀了費茲傑羅的傳記後，大失所望。

　　在《大亨小傳》裡，費茲傑羅塑造了一位天真浪漫的富翁蓋次璧，藉由他悲慘的遭遇，託喻美國夢的幻滅。小說中，費茲傑羅特別營造了兩種對比：來自鄉村、平實誠懇的蓋次璧，狡獪墮落、仗勢欺人的紐約上流社會。蓋次璧一心追求的、用黃金打造的富豪世界，到頭來，反害他送了命。

正當悲劇的結尾哭濕了所有人的手帕，眾人把費茲傑羅看成悲劇英雄蓋次璧，他的好友海明威卻透露了一些你我不知道的事：費茲傑羅嫌貧愛富，縱情宴樂，喝酒鬧事，靠著微薄的稿費擺闊。

而被拒斥門外向主人的牆壁丟垃圾，踢倒老太太手上的糖果，和妻子討論如何把服務生鋸成兩半，種種放肆胡鬧的行為不像蓋次璧，反而和小說中「把爛攤子丟給別人，自己躲回錢堆裡」的富家子湯姆有令人尷尬的相似。

作家的現實人生成了小說的最大反諷。

傳記作者亞瑟‧麥茲納的說法是：透過寫作，費茲傑羅才得以從長達幾年的派對中清醒，審視自己的縱欲生活。

可惜，這樣的清醒並沒有維持多久。

費茲傑羅很快地回到債務和酒醉的生活。

「宴會毀了我。」寫不出小說來的時候，費茲傑羅只寫下這句話。

而一千個酒瓶堆出的《大亨小傳》，為作家的拜金生活提供了一個想像的救贖。

中西富翁的美食競賽

理想的富翁生活應該是什麼樣子？

法國人說，《追憶似水年華》；中國人則說，《紅樓夢》。

在西方，小說和中產階級的興起密不可分。做為文藝消費的一環，小說和貴族生活漸行漸遠，專心描述小布爾喬亞的心思。而從十九世紀馬克思的大地震後，悲天憫人的小說家更忙著關心處境悲慘的貧苦百姓。豪門生活，不是做為社會批評的教材，就是實證人性掙扎的案例。雖然時有像亨利‧詹姆斯這類的小說家越界，用金碧輝煌的富豪生活，一解讀者靈魂飽滿、肚皮飢餓之苦，我們仍鮮少遭遇全然正面而令人豔羨的富翁生活。

在西方文學史上，普魯斯特的《追憶似水年華》則是受到冷落的富翁們一次大規模的反撲。小說中的主角斯萬是猶太富商之子，來往的都是豪門大戶、王親國戚。小說中所描述的上層生活，極盡感官的華麗，精神的細緻，使得吃喝玩樂這些原本形而下的物事，透過文字的雕琢，一躍成為主角探索心靈的重要線索。尤其是飲食，加了鮮奶的下午茶是文藝清談的精神食糧，和總理的午宴是身價的證明。連小說的核心——「回憶」本身，都是藉由美味可口的小甜餅才得以再現。

而不論是主角用長達數頁描寫對一只青花瓷器的熱愛，或是用最破碎的意識流技法描述室內輝煌的家具擺設，奇特的文字技巧，都不小心透露了作者府上的坪數，和參與過多少賽馬俱樂部。某些較為狗仔的推論家抱持著這樣的看法：對細節描述近乎病態的偏執，所反應的正是某種經濟階層才得以享有的悠遊意識，一種對「餘暇」生活的重視。對不知道如何過活的人而言，時間多得令人害怕，少數有錢人卻能把握這些閒暇，將瑣碎的生活藝術化。

姑不論這樣的閱讀，對於這樣一部現代主義的經典之作，是否過於簡化，做為讀者，實在無法否認，我們是如何沉醉在和斯萬手挽著手，趕赴凡德伊先生的文藝沙龍高談闊論、聽鋼琴演奏；在一道鮭魚子和薄荷羊排之間，聆聽某王公貴人在妓院的風流行徑、是非八卦；我們隨著斯萬的獵豔之旅出沒在大型宴會，有幸認識優雅多金的貴公子和才色雙全的交際花，親眼目睹世紀

初最流行的衣著款式。閱讀的同時，我們的心思暫時拋開廚房堆疊的碗盤，沉浸在富人奢侈的時間感。

現代人多病痛，如果有哪一本小說是克服憂鬱病症的良方，十之八九就是它。

同樣的效果，也發生在中國的《紅樓夢》。

相信當年所有因為文以載道而面黃肌瘦、唾腺罷工的學子們，都有幸跟著劉姥姥打來的一席抽豐，重回幸福人生的懷抱。

一壺燒酒消解了精神和物質的對立。大吃大喝，就是愉悅，就是爽快，不需為任何道德教訓，或反證目的而存在。

《紅樓夢》對飲食的描寫，是如此刺激著我們想像貧乏的文思和味蕾。單是描寫一盤炒茄子，就動用了「雞肉脯子、新筍、蘑菇、五香豆腐乾子、各色乾果子切丁、雞湯煨乾、香油一收、糟油一拌」等意想不到的手續和配料。黛玉病了要吃藥，花了上千的銀子，配的是「人形帶葉參、千年松根茯苓膽」，還要貴婦人頭上的珍珠、沒散的花兒做底。光是聽到名字，舌頭上就有了各種味道，連生病都變成一件痛快的事。

有錢，所有身體感官都會跟著進化。紅樓中人的鼻子比別人靈活，舌頭比別人發達，連視覺都比別人敏銳：雞蛋、鴿子蛋，僅是些微的差異，就足以判決在座者的出身和家裡有幾畝地。不識得「軟煙羅」和「霞影紗」的分別，則代表識見不廣，品味還需提升。

衣著方面，十二金釵各具美感，一下「縷金百蝶穿紅花大紅雲緞窄褃襖，翡翠撒花洋縐裙」，一下「桃紅灑花襖、大紅洋縐銀鼠皮裙」，花枝招展像個大花園。大觀園裡吟詩作對的盛況，也讓

人讚嘆，有錢人連韻腳都落得比人高級、比人漂亮。

面對這些有錢人的排場、氣勢，我們一下子都成了庄家來的劉姥姥。有錢人打敗我們的似乎不只是物質條件，還有建築其上的精神生活。

寫到這裡，讀者倒也不用太過怨嘆，畢竟，門口一對凶惡的石獅子，也阻擋不了伺伏在豪門大院陰暗角落的敵人——「無常」。

經歷過人間這般奢華，寶玉最後卻出家做了和尚。

（不過，他可是吃了一輩子螃蟹才去的。）

包法利夫人的強迫購買症

法國小說家福樓拜筆下的包法利夫人，雖然對致富一事毫無貢獻，對如何花錢，卻有獨到的看法。

包法利夫人出身貧窮的農家，從小就中了愛情小說的毒，認為愛情不存在於尋常人家，而是貴族生活的產物。為了得到愛情，她必須躋身一個有「盛宴、馬車、馬鞭草香水和龐帕都爾式掛鐘」的世界。

愛瑪長大後嫁給了鎮上的包法利醫生，婚姻生活貧乏無趣，離小說中的愛情相去甚遠。為了打造夢幻的戀愛場景，她決定把人生活成一部小說。舉凡小說中人的行跡，愛瑪一律抄襲。愛瑪寫信，學小說中的男女主角互相寫信，購買昂貴的信封和信紙，寫的都是有星星和月亮的詩，雖然信件無人可寄。愛瑪化妝，模仿流行雜誌裡的貴婦化妝，穿著高級的綢緞禮服，在無人欣賞的鄉間小道漫步。蠟燭、香料、托盤，所有來自巴黎的奢侈品都成為家中的平常擺設。只要不瞥見

在一旁打呼、頭髮稀疏、小腹微凸的包法利先生，愛瑪幾乎以為這就是戀愛了。

「我消費，故我在。」儘管缺乏情人的慰藉，透過不斷地消費，愛瑪得以在封閉的想像循環中欣賞自己美麗的愛戀演出。

不論多麼羅曼史，不幸地，這仍是一部寫實小說。最後，在愛瑪不停的舉債、賒欠下，包法利先生的祖產賠光了。愛瑪因為還不出錢來，自殺了。

我們很訝異早在十九世紀，福樓拜就用反浪漫的筆法，寫出了如此後現代的消費噩夢。攤開包法利夫人的收支平衡表，那些血淋淋的數字，不也控訴著我們平日血拚的暴行，那些來自包法利先生的哀鳴，聽起來不也十分熟悉？現實中的我們，不就像小說中的愛瑪一樣，活在一個符號的世界，會因為小說、電影裡的異國風光失去理性，為了女性雜誌裡的一款新衣，刷卡刷到沒人性？究竟是小說模仿人生，還是人生模仿小說？還是人生模仿小說模仿人生？這真是一個令人腦袋打結的問題。唯一可以確定的是，在今天，像包法利夫人這樣勇於消費的女性不但不會自殺，反而成為時髦女性的表率，這都要感謝廣告的全面勝利，和二十世紀發明的信用卡。

有色眼鏡看致富

如果你想要為自己好吃懶做的行為找藉口，閱讀狄更斯的小說總會獲益良多。

狄更斯的小說裡多的是舉止怪異的富翁。不論是小氣的史古先生，還是陰森的哈維斯夫人，都印證了「金錢扭曲人性」的老話。

小說中的富人總是不快樂，窮人總是很高興。而把力氣花在致富，是天底下最愚蠢的事。

《大希望》（*Great Expectations*）就是這樣一部經典的反勵志小說。

這一切都發生得十分阿信。主角皮普受雇在有錢的哈維斯夫人家幫傭。因為哈維斯夫人嫌貧愛富的言語暴力，可憐的皮普像帕夫洛夫的狗，受到財富的制約。他內化了富人對窮人的看法，一看到哈維斯夫人，就覺得自己的鞋很髒，腳很臭，不會說話，又惹人厭。

矛盾的是，回到家，皮普又不能抗拒地用哈維斯夫人的眼光檢視自己周遭的一切。他開始鄙夷家人的舉止、談吐、穿著和永遠狹小骯髒的生活空間。

為了擺脫自己的出身階層，皮普決定不顧一切地致富。

成長的動力，來自童年的戕傷。窮人致富的關鍵，來自富翁的虐待狂。十九世紀的工業小說，今日八點檔普遍上演的戲碼。不論是否為單一時空背景下的特殊案例，多少指出了金錢與自我認同的深層糾葛。

看來，當不成比爾·蓋茲，不是件壞事。　■

神啊，
請給我一種財富……

如果能夠選擇擁有一項(有形或無形的)財富，你的選擇會是什麼？爲什麼？你將如何運用這項財富？十二位在音樂、寫作、電影、藝術等不同領域各擅勝場的兩岸藝文人士，道出了他(她)們對財富的獨特解讀與想像。

採訪整理／徐淑卿、于奇

朱天心 (作家)

我現在會過這種生活，其中必定經過多年無數的選擇，才會形成目前的生活狀態，所以很多事情看起來都是很理所當然的。

如果我能擁有一種財富，這個問題應該是去想像一個目前沒有的東西。其實我也常常希望能有很多的錢，每次看到像駱以軍這類生活不順遂的小說家，我就會希望自己有能力來大散財；其實不必太多的錢，就可以讓他們安心創作。還有我女兒海盟的馬場也是慘淡經營，有錢就可以幫助他們。

雖然我希望能夠有錢做更多事情，但是我在現實生活中，卻沒有做過任何足以換取更多金錢的選擇。事實上我還滿珍惜自己現在的一無所有，因爲它讓我有一雙很有洞察力的眼睛，這是我有異於其他才智之士、唯一勝過別人的地方。人如果欲望很多，很多事情都會看不清楚，只有退到邊緣才能看到全部，因此我時時打磨自己洞察的眼睛，深怕有一天它會消失。

麥仁杰
(漫畫家)

我會選擇的財富是想像力。它的財富是難以估計的，但在台灣卻常常被低估。我們的教育

常教學生成為有用的人，把他們訓練成工具，卻忽視了想像力的重要。

其實想像力雖然是無形的，但是它也可以帶來有形的財富。

我認為想像力不只可以運用在創作上，也能夠用在生活上。如果遇到難題，有想像力的人也許會用非傳統的方式解決，即使做菜也可以用到想像力，你可以做各種嘗試，就算失敗了也會獲得經驗。

小孩子一般都是很有想像力的，如果大人能夠拋開成見和他們互動，不要動輒告訴他們什麼事情不能做，也許可以從他們身上獲得一些啓發。

舒國治 (作家)

如果我突然有一筆錢，我還是會跟我原來的生活一樣。因為我本來就是用五億在過日子的人，雖然我銀行的存款只有幾千元。

為什麼說用五億在過日子呢？因為我所有的人生都是在「耗費」，不是在儲蓄和規畫。家裡有幾億的人，可能前幾代就要開始規畫了。

在台灣努力賺錢是沒有用的，擁有大量財富的人，可能還是換來非常低檔的生活品質。台灣先天環境太差了，有些人可能有幾億的家產，但是他住的地方，卻比不上美國或愛爾蘭一些升斗小民的住宅區，這就好像開著賓士走在泥濘地上。

如果我有更多的錢，我會花得更野蠻，來逼使社會一起耗費。而且我不會選擇在度假勝地，而是一些窮鄉僻壤。像我沒錢時，會去雲南，有了錢還是會去雲南，只是會用給人或花得更凶的方式更大量的耗費。

賀新麗攝影

陳冠中 (媒體人)

陳冠中提供

我最近排住北京，半撈半玩，兼想攪點名堂出來，樂不思港，誰不知連續兩旬要趕返香港奔喪，死嘅都係四十幾歲老友，生癌，好快就無⋯⋯，有好幾日覺得做人無謂拚搏，死就玩完，世間財富無用，我去廁所屙屎，屙得暢順都覺得係奇蹟，有快感，身體好，真好，以為終於識得活在當下，想將來先至會怕死⋯⋯，過幾日怕死，即搵醫生驗身，得知周身病痛無一立即要醫之後，順便問要幾粒「偉哥」(台譯「威而鋼」)，春藥在身，成日心思思，好似好生猛，轉個身又開始東睇睇西望望，到處張羅，周圍八卦充電收風，忙過舊時，計畫多多，多數係將香港錢帶到北京，皆因香港經濟衰，市場細，要攪新意思都留返上大陸，心掛掛急急返北京先，食頭啖湯，食北京填鴨、羊肉串、臘肉、肥腸⋯⋯

平珩 (舞蹈家)

我認為自己擁有的最大財富是學以致用，或者可以說是樂在工作。

林志騏攝影

我常看到很多人不喜歡自己的工作，只是為了生活或為了賺很多錢，不得不繼續做下去。人一生工作的時間這麼長，如果一直抱持這種心態，其實是很遺憾的。

我從學舞，後來擴展辦了舞團，還做了一些行政的工作，也因此認識很多朋友，了解文化的生態，我覺得自己在工作中一直有成長。

當然工作裡也有繁瑣，也有壓力，但因為是自己喜歡的事情，無論如何也會忍受。

有時也會想，如果我去做其他的事情會怎樣？也許做自己比較不喜歡的事情，也會有不同的考驗，但是現在對我來說，接受別的考驗已經太遲了，也許就把它當作另一種遺憾吧。

沈昌文 (出版人)

我理解，說到財富，只能指物質財富。對財富作別解，只是得不到物質財富以後的自我慰藉而已。自我慰藉很需要，但究竟不是「財富」的本義。至於詛咒物質財富，那更是從一種低層次的自

馮曉薔攝影

我慰藉發展到較高層次的自我慰藉，好比追求不上某位異性，無奈之餘，只能想像這位異性實質上毒如蛇蠍，同他（或她）結縭，只能讓自己倒楣一生，如是而已。

我如果得到一筆物質財富，首先是「退藏於密」，不買名車，不置華宅，不同任何人說起自己的積蓄多寡。這才符合中國平民的傳統理念。等到年邁以後，而又豪於資財，這才想到善舉，想到露名。有了錢去爭取入所謂財富排行榜，是過

於新派的行為，我輩只能認為是「傻冒」之舉，豈敢想像？

說到善舉，我想做的只是一件：助學。我自己從小學一年級起，都靠獎學金才能入學，為此特別感念社會。

曾淑美 (廣告人)

如果可以選擇，我當然會希望擁有全部各種有形、無形的財富。無形的財富固然重要，有形的財富也需要一些，因為它可以給人適度的自由。

楊明龍攝影

但若只能選擇一項，我會選擇智慧。人的一生如果只是生老病死的自然現象，對我來說實在是太虛無了，我認為人生的目的就是學習，透過學習可以增長智慧。

如果擁有智慧，我相信人就可以隨遇而安。一個人不論是偉大或是渺小，都可以隨著境遇學習到他可以學習的。

林正盛 (導演)

實際的財富還是有它吸引人的地方，我當然會希望生活無憂，但不會一直追求這些，我覺得花一輩子來賺錢的人是很愚蠢的。

對我來說，我希望擁有的財富是一個舒服的生活環境。我小時候住在台東鄉下，一直希望能到台北來，以為所有的功成名就、富貴榮華都在

賀新麗攝影

這裡，但是現在我卻會嚮往一個單純的地方。像我現在居住的深坑，就比較接近我所說的單純的環境。

不過矛盾的是，拍片這種勞心勞力的工作，卻是最沒有生活品質的，為了繼續拍電影，我只能留在台北，我很難想像如果我住在台東，還會有人找我拍片。所以我想，為了將來能過品質好一點的生活，我應該不會一直拍片直到倒下為止。

溫普林 (藝術工作者)

楊渡攝影

對財富這麼設定太小資了。對我而言財富就是金錢，除了金錢之外，我溫老大豈不早成了大富翁！什麼美滿的家庭，眾多的愛戀，雙全的兒女，自由自在的日子……，這肯定都是自我選擇的，為什麼？快樂乃人生第一原則。

如果我能發財：

小富 (一千萬左右) 買他一座山林，博個封妻蔭子，聲色犬馬；

中富 (李嘉誠之流) 辦他一所學院，遊俠式教學，弟子入室，謬種流布天下；

大富 (賓拉登之輩) 創辦一個基地，支援亞非拉歐美人民的正義事業，鞠躬盡瘁，死而後已。

石康 (作家)

若是「對於人生的基本問題創造性的發現或解決」在中國人眼裡也算一種財富的話，我願意

孫文攝影

選它，因為在我眼裡，從長遠看，這種財富可使更多人得到好處，並涉及人類整體的方向及利益，因而更加合乎道德。不過，我想，對於這一答案，無疑，稍有頭腦的人都會選的，我重複一遍，真是老套兒得很，說不說兩可。

至於提示中別的所謂的「財富」嘛，不就是過眼煙雲嗎？我認為，圍著食物與性轉來轉去的所衍生出的財富，構成了所謂的世俗人生，它的目的僅僅是令蠢貨感到自然一點而已；一旦死亡敲門拜訪，世俗人生頓時灰飛煙滅，被快速的時間之矢穿身而過竟不留半點痕跡。這直接說明了世俗人生的虛假及毫無意義。我想我應在這裡進一句令人洩氣的難聽話，那就是，讓什麼「健康」、什麼「美滿的家庭」這一類不假思索的廢話或謊言見鬼去吧！

林暐哲 (音樂製作人)

我最希望擁有的財富是智慧，因為我比較在乎精神上的快樂，以及讓自己更有定見。

外在的東西是命，硬求是沒有用的。我覺得

楊明龍攝影

很多人對金錢都是盲目追求，但在我自己的經驗裡，錢卻是不請自來。你越想要的時候，反而得不到。

智慧卻是可以追求的。如果我有大智慧，我會希望和大家分享。我覺得每個人開始形成的時候，其實是很接近的，但是為什麼會發展得天差地別，就在於每個人智慧不同。因此我希望傳播分享，讓大家回到善意的原點。

不過話說回來，如果我能有很多錢的話，我會弄一個少棒隊。我自己很喜歡棒球，喜歡棒球一定要從小開始，因此我會從少棒做起。

歐陽應霽 (作家)

如果要我選擇，我會選擇有更多的幽默感，因為這關係到你看世界的態度，以及如何在周遭關係中取得平衡。

每個人每天身邊都有很多事情在發生，如何把重的看成輕的，或是把輕的看成重的，就變得很重要，可以幫助你處理很多情緒上或是非上的問題。

雖然我對時尚的東西很熟悉，年輕的時候也希望擁有很多的錢，來購買有特色的產品，但是我現在已經感覺到，知道一個東西或欣賞一個東西，不一定要擁有。如果把「擁有」放下，反而可以看到物品真的一面，看出它是真的那麼好，還是在炒作。

即使對產品，我也會從幽默的角度來看它。我覺得過度認真、太高貴的作品，反而會造成使用者的障礙；倒是幽默一點的設計，會比較生活化一點。

賀新麗攝影

藝術與財富

文／熊宜敬

自從1990年5月，日本紙業大亨齊藤了英以空前絕後的8,250萬美金（約125億日圓）天價，在紐約佳士得拍賣場，買下梵谷的名作《嘉舍醫生》之後，不但替梵谷的傳奇再添一筆，而且更確立了「藝術」與「財富」之間的等號——藝術無價，但在市場上，藝術不但有價，而且往往還很昂貴，遠非一般小老百姓所膽敢夢想。

純就藝術創作本身而言，藝術是無價的。可是藝術家若是要把作品拿到藝術市場上尋找知音，這件藝術品就同時具有商品的身分，也必須仰賴市場法則來決定價格。於是，就現實面來說，藝術是有價的。

當買主在市場上購買藝術品時，最重要的當然是要藉由藝術品的感通，獲得精神上的慰藉，而所付出的金額，則屬物質上的象徵意義了。有趣的是，「精神」與「物質」的追求，在較為嚴肅的律例中有如「天使」與「魔鬼」的化身，是絕對南轅北轍的取捨；然而，人類發明了「藝術」，進而在「藝術品」的搓合下，精神與物質這兩種完全不同的細胞，卻因此孕育出不可分割的連體嬰。這，就是藝術的魔力。

藝術既與財富畫上等號，「物質」，又與「精神」一體兩面，在這座奇特的天秤上如何使兩者取得平衡，的確是十分有趣的課題。

不妨這麼說，一個藝術品收藏家，依著自己的興趣及品味挑選購藏，所擁有的藝術品就具有極高的「精神」因子。這種「財富」是感性、真摯的，即使有一天不得不回流藝術市場，收藏家與藝術品之間往往會留下感人的眷念；許多的藝術品之所以流傳百世、膾炙人口，也都是歷代藏家遞嬗傳承所累積的成果。藝術品的可貴與價值，也由此精神層面的昇華，成為真正的財富。

拿中國當代藝術巨擘張大千為例。在二○年代上海畫壇，他的畫作就廣受喜愛，按理說，該是個很有錢的畫家。然而，他卻對收藏古代書畫癡迷至極，賣畫所得都用在買古字畫之上，朋友說他「富可敵國，貧無立錐」，真是再貼切不過。他由興趣出發，不計代價的買購古字畫，這些收藏的質量，的確「富可敵國」；但經常為購買收藏而到處籌錢，甚至仿造古字畫賣錢，狂熱至「無米無甌

弗顧也」，卻也令他陷入「貧無立錐」之境。

　　對自己鍾愛的收藏，張大千都會鈐上「南北東西只有相隨無別離」及「球圖寶骨肉情」二方印章，流露真情至性。傷感的是，由於迭經戰亂兼又流寓海外，一大家子人都需要他「掙錢只靠一枝筆」度日，畫得再多，賣得再好，亦不足以應付生活上和對古代書畫見獵心喜的花費。因此，張大千也不斷讓售心愛的收藏，以支應用度。而大千每於難捨之際，總在轉讓的收藏品蓋上「別時容易」的印，取南唐李後主「別時容易見時難」的詞意。他對藝術收藏的情感，真是到了難捨又無奈的地步。在「物質」與「精神」的藝術收藏天秤上，張大千「精神」層面的豐厚砝碼，正是為他一生傳奇及美術史上崇隆地位押對了寶。這種精神財富的累積，對每一位收藏家來說，都是最有價值而無可取代的。

　　如果一個收藏家收藏的前提不是因為興趣，也不是因為藝術品本身的藝術性，而只是為了追求「市場明牌」，跟隨炒作，以為能夠快速轉手獲利，抑或是為了炫耀自己的財力而與人「鬥富」，這種以物質取向為因子的收藏觀，似乎就屬下乘。一般而言，這類收藏家多不願在充實藝術文物相關知識上下功夫，而寧願多花些時間在探聽行情、市場八卦或與賣家挑斥揀兩上，嚴格說來，他們是不適合「收藏家」這個清譽令名的，有人乾脆將他們統稱為「買家」或「買主」，倒是滿傳神的。

　　對收藏家而言，藝術品的真正價值還是應該以精神層次為前提。當一個收藏者由精神層面為出發點踏入收藏門檻時，尋求藝術內涵品味的求知欲，自然會引領收藏者不斷提升收藏的進程，

粉彩花蝶紋如意耳尊　佳士得／提供

增強鑑賞藝術品的眼力。這種知識經驗的累積，不但是內在的精神享受，經常也會在不特定的時機，成為經濟報酬率極高的財富。確切地說，如果真要從物質觀點衡量，收藏藝術品是可以視為長期投資的，但大前提必須建立在高人一等的收藏品味和鑑賞能力上，而這兩個條件，又必須由精神層面引領，才有機會實現。

例如1974年，倫敦股票暴跌，趨使英國投資管道朝向多元化，此時，由鐵路局退休員工組成的「英國鐵路局退休基金會」（The British Rail Pension Foundation），便展開中國歷代文物的收藏投資。當時英國為研究中國藝術文物的大本營，市場也以倫敦為主要集散地，在諸多藝術顧問的眼力篩選下，獲得了許多珍寶。1986至88年，基金會開始醞釀在拍賣會上釋出藏品，豐富的投資報酬率在1989年顯現，多件瓷器精品都以超過千萬港幣賣出。例如一件於1978年以41.8萬港幣購入的「康熙五彩花鳥紋碗」，1989年的賣價竟高達1,045萬港幣，投資報酬率十年間增加了二十五倍。這年年底基金會打鐵趁熱，在倫敦舉辦第二次專題拍賣，結果一件「唐三彩大馬」，拍出了374萬英鎊的高價，折合港幣約為4,955萬，創下中國陶瓷市場的第一高價，至今仍然紀錄高懸。

近年來，藝術收藏長期投資成功的案例更是比比皆是。

1999年4月，香港蘇富比春季拍賣，日本大骨董商坂本五郎，釋出了一件祕藏二十年的「明成

鬥彩雞缸杯　蘇富比／提供

化鬥彩雞缸杯」，賣出了2,917萬港幣高價。

這種小杯子，全世界僅存十五件，有十二件分別珍藏於台北故宮（八件）、北京故宮（二件）及美國維多利亞博物館和英國大衛德基金會（各一件），在私人藏家手中僅有三件。有兩件早於1980年11月與1981年5月時在香港拍賣會上，分別以528萬及418萬港幣賣出，因此，這件市場二十年來僅見的珍品，也就成為收藏家競標的焦點。

坂本五郎早已退休，為了培養孫子接續骨董行業而再度出山，一出手就引起震撼。據知，這只雞缸杯的獲利，使坂本五郎得以在東京黃金地段將店面舊址翻蓋為嶄新大樓。要是沒有精準的鑑賞力和高尚的品味，哪能有「庇蔭後代」的故事發生？

2000年4月，香港佳士得春季拍賣，一件「清乾隆粉彩花蝶紋如意耳尊」，賣出了令人難以置信的3,304.5萬港幣大價。這件漂亮瓶子的提供者，是香港收藏團體「敏求精舍」的老一代成員袁勃。這位早年香港地區日本柯達相機代理商，在1979年11月時以55萬港幣購得這件耳尊，超過二十年的收藏首次釋出，就獲得了六十倍的高報酬率。

這些市場成交紀錄，一般人或許只會單向注意物質財富的取得，但深入了解後就會發現，這些高報酬率全得來自收藏家本身豐沛的知識、超卓的品味和長期的積累；就藝術收藏而言，真正

的財富，絕對是必須經由精神層次引領的。

進入已開發國家，有閒錢的人比例愈來愈高，藝術品收藏也成為高薪階級或企業主品味和形象的表徵。以台灣而言，大概是已開發國家中藝術人文氛圍較落後的地區，但與其坐怨政府政策的忽視藝文，不如起而行，主動參與藝術活動、投入藝術收藏來得實際。

問題是，雖然台灣藝術文物市場已具規模，仍有不少多金之士不得其門而入。其實不需把藝術看得太艱深，藝術是深入生活的。遠在文字沒發明之前，人類就是靠著圖案、圖畫與自然應對，和同類交換傳達訊息，這就是藝術的太初形式。藝術的因子，其實是每個人與生俱來的，只是隨著現代文明的多元複雜化，大多數人的藝術細胞都被遮蓋而不自知。

稍微注意觀察，小自個人衣著、裝扮，大至家居布置、點綴，不都是美感的選擇，藝術的呈現嗎？從生活切入，藝術絕不嚴肅，更非高不可攀，端看如何發掘自己潛在的藝術天賦。

「清翫雅集」是台灣頂級收藏團體的代表，成員皆是企業主或專業多金人士，他們的藝術收藏觀念和方式，應可作為極佳的參考。以廣達電腦林百里為例，對中國藝術文化情有獨鍾，選擇了「張大千」做為「系統性收藏」的開始，廣蒐大千各個時期、各類畫科的作品，自己也頗為用功，對大千的創作過程、生活點滴乃至人生好惡皆加涉獵，前兩年還以「大千的美人畫」為題作過演講。林百里雖然多金，但卻也曾說過「電腦是一時，藝術是永恆」的雋語；除了家財億萬，林百里的真正財富，卻是對藝術品付出因而擁有的永恆。

逛畫廊、看展覽、參觀美術館、博物館等，都是跨入收藏門檻的途徑之一；閒暇在家中讀讀藝術書籍刊物，翻翻精美畫冊；多結交藝文界朋友，多聊聊藝文話題；跟學語文一樣，為自己多營造一些藝文氛圍，自然就能潛移默化，在藝術欣賞上水道渠成。

當立業有成，身懷多金，尋找品德、眼力均佳的藝術顧問，以及結識具有信譽的畫廊和文物經紀商，是踏入收藏領域的捷徑。這兩項任務，需要多打聽、多觀察、多比較，其實達成並不頂難，因為藝術文物這行當，「口碑」絕對是好事傳千里的。其次，就是在藝術顧問或業界友朋的引領下，進入國際藝術文物拍賣會觀摩。拍賣會最大的好處，是納百川於一海，物件眾多，品項紛雜，又可以「上手」訓練眼力，比起在美術館、博物館猶如隔靴搔癢般的隔窗觀物，可要實用得多。參加拍賣會的預展，親自體會摩娑藝術品的質感，即使無法擁有，也絕對是一大精神享受。

「藝術」與「財富」，看似你天我地，其實都在六合之間。只要心存「藝」念，有心提升自己的生命質感，增加自己的生活品味，不論是企業主、頂客族，或中產階級，都可以衡財度力，擁有屬於自己的藝術氛圍和藝術收藏，營造出屬於自己的精神財富，也許，還可以為自己儲蓄一項不可測的物質財富呢。　　　　　　■

本文作者為《典藏》雜誌總編輯。

命中注定?!

從占星學看財富時來運轉

文／韓良露

從巴比倫傳至西方的占星學中,有許多原理是和財與富有關的,但在區分財與富的定義時,卻有很多思考的區間。例如財可以是金錢、才藝、資源,而這些財人的來源,可以從自身、別人、工作、事業上取得。至於富,也可以是富有、富裕、富足。

不肯相信命運的人,會將一個具才藝、能力者的成功,歸因於努力。從機率而言,也的確有一定比例的人生來就有某種才能,這當中有人努力,有人不努力,而這些肯努力的人之中,又有一定比例的人會成功;但是,這並不表示,所有有才能又肯努力的人都會成功。

以占星學來說,一個人的太陽、水星、金星、火星如果相位不錯,但宮位未落在和金錢、工作、事業有關的位置時,這樣的人就是「花開空自賞」,才藝不能換名利。問題是,這些人從自己的才能中得到的富足感,一定不如那些可以販賣而變得富有的人嗎?

此外,當一個人的才藝表現在金星領域,例如美術、演藝,或水星領域,例如寫作、溝通時,如果金星和木星、土星、冥王星成有利的吉相,當事人比較容易藉由這些才藝賺取較多的錢,因為他們的才藝比較符合所處社會集體意識的需求。但如果金星吉相是和天王星及海王星有

關,前者必須身處高段發展的文明才能容納高科技及異端事物,後者則牽涉到所謂純粹或超越的藝術。這樣的才藝即使偶爾能換錢,也是很少量的錢。想想看,諾貝爾藝術、科學獎的得主得到的獎金是多少?

然而,錢的多少是價錢,不是價值。以作家來說,有人羨慕克莉斯蒂或史提芬‧金,也有人尊崇卡謬或聶魯達,但似乎羨慕前者較多,為什麼?因為人類的精神狀態像金字塔,接近底層原欲的人就是比較多,因此在乎價錢的人,一定比在乎價值的人多。

從占星學來看,主星落在二宮、六宮、八宮、十宮居多者,是比較重視價錢的人;但落在五宮、九宮、十一宮、十二宮居多時,比較重視價值。這裡的價值,可能是情愛的、哲學的、宗教的、人本主義的或靈學的價值。

占星學玩的是機率的遊戲,由出生的年月日時到地點的經緯度變化,組合出來的變化是天文數字,因此,占星學玩的是命運的戲劇。

譬如說有人因繼承、婚嫁而致富 (木星或金星在八宮),但卻又有土星在二宮,這樣的人有錢卻不想花,也許是個富人,卻絕不可能過著富有生活。然而此人未必得不到富足感,也許這個人服膺韋伯新教資本主義,積聚財富是為了榮耀上帝。

如果是靠工作、事業得來的金錢,則會有吉星及吉相和二宮、六宮、十宮有關,這樣的人通常是靠個人賺錢;但如果二宮、六宮、十宮外,又有八宮,則會靠自己及別人一起賺,因此開公司或股票上市會賺更多。前者是小富,後者可成中、大富。

中國人常說「大富由天」,在占星學中,中、

大富格局至少要有金星、木星和冥王星的吉星、吉相及吉宮，缺一不可，你看機率多低。因此每一個社會中，只有一定比例的人（低於百分之一）有可能中富或大富。

但中國人又說「小富由儉」，指的常是金星和土星成吉星、吉相、吉宮的人；但儉卻未必小富。不要以為貧窮的人都是亂花錢的人，貧戶也可能一生節儉，但卻是命運乖蹇；就像也有人可能一生愛花錢，卻還可能是小富——如果他的木星和金星、月亮成吉星、吉相、吉宮的話。

至於有偏財運的人，又有大、小獎之分，但大小獎又有其相對意義。台灣樂透頭獎的數千萬或上億，對印度、非洲、中國大陸的人而言可能是很大的獎，但比起美國超級樂透開出的幾十億，只是個小獎，因此命中有木星和天王星的吉星、吉相和吉宮（以八宮影響較大）的人，還要配合人和、地利，譬如在美國中樂透的人就比在台灣更鴻運當頭。然而一個人本命有天王星、冥王星、木星的特殊吉相者，還要配合上流年天王星及木星的推運，此即天時也。因此才會有人從一無所有、小康而一夜致富。

另外，對中二獎或抽中汽車等格局較小的中等發財命，則和每個人星圖的完整格局有關，同樣冥王星、天王星、木星的好運，在不同人身上的作用也不同。至於抽中機票、中個數萬元的小獎，則光靠木星和木星及月亮的流運吉相即可。

至於有錢人會不會比較快樂呢？真的不一定。有錢人可能沒有缺錢的煩惱，卻會有因錢而生的煩惱，只要看多少金錢世家的愛恨情仇即可知。同時，有錢人也和窮人一樣，因星圖的機率問題，而會有其他健康、愛情等人生際遇的變遷。

金錢只是衡量財的單位，但絕不是衡量人生是否富有及富足的標竿。上帝是比莎士比亞更複雜的劇作家，他有各種版本的《威尼斯商人》，但就像我們觀賞莎士比亞一樣，上帝的劇本也是要讓我們透過財富在人生的千變萬化，了解生命的意義。

西諺有云，傻子會輕易地和他的財富分離，我們也可改寫成，只有傻子才會輕易地以為人生的意義和財富不可分離。

關鍵字

月亮：房地產、和女性有關的財富及餽贈
金星：面貌、才藝、娛樂、人緣等相關的財富
木星：創造、機會、擴大的能量
土星：限制、阻礙、節約的能量
天王星：突發的狀況
海王星：夢想的境遇
冥王星：掌控的局面
二宮：自己的資源
五宮：投機或賭博的資源
六宮：工作的資源
八宮：他人的資源
十宮：事業的資源
好的相位：各星曜之間所形成的角度為0度（合相，代表增強的力量）、60度、120度（吉相，代表順利的力量）
不好的相位：各星曜之間所形成的角度為90度（衝突相，代表困難的力量）、150度、180度（剋相，代表抵制的力量）　■

本文作者為作家。

誰是大富翁？

紫微斗數中的財富意義

文／慧心齋主

間的長短等種種差異，各自面對不同的人生際遇。我們可說這是因果關係。

因果關係決定了一個人現在、未來的錢財狀況，種好因，自然得好果。至於如何種因，可參考各星的意義，因為諸星所表達出的錢財現象，是今生的結果，其中隱含了過去的因。因此，透過對諸星意義的了解與體會，可以一面看待現在，一面調整成因，以期未來富有。

最近樂透讓全台人民共同築起了發財之夢，一夜成富，似乎不再那麼遙不可及。不過，想成為大富翁，需先了解富翁的成因。我們試著從紫微斗數的角度分析說明，或許比較容易明白，富翁的真正意義，以及誰是真正的大富翁。

決定性的因果關係

在貨幣尚未發明之前，我們的老祖先並無金錢概念，因此所謂的富者，並不以有錢為定義，而是以有儲存及交換流通的能力為依準。

紫微斗數中的祿存星，即代表儲存的能力；與化祿星、天馬星相遇，則可有相當好的交換流通。任何諸星與以上三星相遇，亦有成富的條件。例如：武曲、天府、天相等星，遇祿存、化祿、天馬等星，易成大富。古代大富翁石崇的命盤，就與前述武曲、天府等星有關。

再如天梁星遇祿存、化祿、天馬等星，也可能得祖上餘蔭，或有錢財，或有好名聲（也是一種財富）。其成因是祖上懂得為下一代惜福，為人留餘地，清廉不欺。懂得生財之道，又能保有，是因，亦是果。天梁星坐命宮或財帛宮者，若能學習保持，就是保因得果。自己富足，下一代亦受惠。

但是即使命盤中有以上諸星，每個人還是會因處理錢財的態度、平時的行為模式，與富裕時

財富的種子

每個人都有成富的可能性，只是過程不太相同：有的人就是衣食無虞，富裕過一生；有人可能在生命中的某個階段，會有稍縱即逝的致富良機；也有人明白因果，靠自己努力創造。在說明方法之前，我們不妨先對富有的種類進行了解。富有，可分三種：一是心靈，一是物質，一是心靈加物質。心靈上富有的人，有下列特性：

其一，平時該做的都盡力而為，事事問心無愧，所以少有愧疚。愧疚是心情負債的一種表現，心靈中沒有負債，多自在安詳，即使錢財不多，也不受影響。

其二，知足而樂。不知足則感匱乏，是心靈上的貧窮。心中覺得欠缺，即使家財萬貫，仍在精神上空虛，或總覺少了點什麼。

其三，包容寬大，超然而有遠見。因為錢財是在眾人手中共同交換來去的，心胸寬大，對各種交換來去不易斤斤計較，心靈自也富足。

其四，不一定會積極追求物質財富。因沒有負債，不匱乏，包容寬大，即使追求，也隨順自然，或不為個人的物質享受或財富累積而求。

以上現象，凡紫微、天府、天相、天梁、天機、太陽、太陰等任何星曜，以及六吉星、六煞星、四化星，都具有心靈富足的基本條件，可展

現出正面意義來。

至於物質上富有者，有下列特質：

其一，擁有的錢財遠超過平日生活所需，幾乎可以錢財得到大部分自己想要的東西。

其二，錢財甚多，也懂得運用，愈積愈多，除錢財之外，還有各種不動產者，但未必與心靈豐足的認知與追尋有絕對關係。

以上任何紫微斗數諸星，配合六吉星、六煞星、化祿、化權、化科等星，其正面意義互相配合影響，物質亦可能富裕，與心靈富足的星曜條件大同小異。

但是，如果諸星的負面意義多面呈現，即使物質富足者，亦有下列現象：

其一，如果缺乏自信與自我認識，其結果或不肯定自己物質的富有，或是浪擲金錢，在富有的情況中，種下丟失的因，使地劫、地空、化忌等星有機會表現負面影響，則來日或將在無法查知的狀況下損失金錢；甚至隨著個人浪費的心態及配合星曜之異，可能呈現負債的果報。

其二，若是十分肯定物質富足，放縱物欲，對自己大方，對他人節儉，則日後仍有失金之虞，且在金錢交流上難以順利，使陀羅、武曲化忌、天機化忌或地劫地空等星的負面意義伺機而現。

其三，前述兩種情況，也易對子孫後代造成不良影響，因而即使有天府、天梁等星，也未必能成大富，或易可能半途折損。富有只是曇花一現，原能保有錢財的天府、天梁星，也擋不住六煞星、化忌星的負面力量。

其四，由於前述現象，使人錢財損失，引發不足、匱乏之心，心靈無法富足，再引發自我嫌棄、遺棄的惡性循環，不但未能為富有繼續扎根，說不定還種下來日精神與物質都貧窮的種子。

來往不執著，方是真富有

說起來，心靈與物質皆富有的人，最令人羨慕。其成因與結果，可遠溯自老祖先時期。

努力是第一要素。前人的努力目標不是為賺錢，而是在看天吃飯，以及隨環境而生存的狀況下努力。其基因很單純，只是努力。

儲存是第二要素，目的是儲備不時之需，其因是保有。

願意流通，是第三要素。因唯有流通，才能在以物易物中，得到自己所需，同時利益他人。捨則有得，施則有回，是當時人都有的心態（當然也有人因可自給自足而不願與他人交換，但能源終有枯竭的時候，富足無以世代相遞）。

研習紫微斗數的先人，早在星曜的深義中明說暗示：一個人的觀念與行為模式，使我們展現命運，與天體運行不相違背。而天體運行也是我們的命運現象之一，二者互動。因此，心靈物質皆富足者不貪不著錢財，努力而不著努力。財源不斷，布施不斷，來來往往，互動互換。錢財在宇宙天地之中悠遊，屬我，也屬於大眾。亦不執著，這是真富有。　■

本文作者為作家。

生吞老鼠？送你1,000萬！

診斷你的拜金指數

文／李康莉　圖／萬歲少女

拜金女當道，拜金男也不少。金要怎麼拜／敗，因人而異。以下的測驗，將幫助你了解你的拜金指數。

1. 樂透開獎了，新聞報導有人獨得三億，你的反應是：
   - ☐ a.什麼時候才會輪到我？ +2
   - ☐ b.備好婚紗，瘋狂打聽樂透主的下落。 +4
   - ☐ c.失望十秒之後，拿出筆記，記下當天的日期，
     　　做為下次的投注號碼。 +3
   - ☐ d.怎麼每天都是樂透新聞，世界真無趣。 +1

   （　　　）

2. 約會的時候，哪些事會讓你小鹿亂撞？ (女生請做下一題)
   - ☐ a.她的Prada高跟鞋。她的Channel皮包。 +4
   - ☐ b.她打開皮夾，給你看以前男友的照片，
     　　不小心露出五張信用卡。 +3
   - ☐ c.你咳嗽，她體貼地幫你倒水。 +1
   - ☐ d.她的鼻子上有一顆幫夫痣。 +2

   （　　　）

3. 約會的時候，哪些事會讓妳腎上腺素分泌？
   - ☐ a.他說他是短跑健將，還會騎馬射箭，
     　　每天都上健身房。 +3
   - ☐ b.他說五棟房子還是不夠住，還好他爸最近又看上張忠謀
     　　的別墅，而他則每年冬天都到溫哥華的豪宅小住。 +4
   - ☐ c.他聰明、機智又風趣。 +2
   - ☐ d.他含情脈脈地看著妳。 +1

   （　　　）

4. 你參加《我要活下去》的生存競賽，最後一關，只要把一
   隻活蹦亂跳的大老鼠吃掉，就可以獨得1,000萬美元的獎
   金。你的做法是：
   - ☐ a.把牠想成美味的法式蝸牛，大口朵頤。 +4
   - ☐ b.幾番掙扎後，還是放棄。 +1
   - ☐ c.選擇放棄，想辦法色誘節目製作人，
     　　看是否能達成同樣的目的。 +2
   - ☐ d.閉上眼睛，一口吞下去。 +3

   （　　　）

5. 什麼東西，讓你對生活感到滿意？ (女生請做下一題)
   - ☐ a.拿到業績獎金，老闆還幫你加薪。 +2
   - ☐ b.如果沒有一台Porsche，
     　　可以用陽明山上的別墅代替。 +4
   - ☐ c.在家讓老婆養，每天睡到自然醒。 +3
   - ☐ d.今天中午的便當，多放了一顆滷蛋。 +1

   （　　　）

6. 聽說妳的老同學要嫁人，對象是某企業主的小開，蜜月旅
   行去阿拉斯加坐豪華渡輪，妳的反應是：
   - ☐ a.心生不平，大哭大鬧，回家折磨那個
     　　「沒有用的人」。 +3
   - ☐ b.打從內心為她感到高興。 +1
   - ☐ c.後悔以前沒有好好和她聯絡，從現在開始應該要常常聚
     　　聚，順便問她老公是不是還有個弟弟。 +4
   - ☐ d.問她去旅行妳可不可以跟。 +2

   （　　　）

7. 有人說情人就是提款機。你有什麼看法？
   - ☐ a.情人會幫你提東西，是提款機沒有的售後服務。 +3
   - ☐ b.避免現金不足，情人應該像提款機，越多越好。 +4
   - ☐ c.情人就像提款機，要小心，提款機會被盜領，
     　　情人會遭竊。 +2
   - ☐ d.做人當自強，豈可給人養。情人和提款機，
     　　兩者毫無關係。 +1

   （　　　）

8. 如果神燈答應你過一天有錢人的生活，你希望和誰易地而
   處？ (女生請做下一題)
   - ☐ a.阿扁。 +2
   - ☐ b.張忠謀。 +3
   - ☐ c.錢不重要。我選達賴喇嘛。 +1
   - ☐ d.比爾‧蓋茲。順便試用傳說中價值不菲的馬桶。 +4

   （　　　）

9. 請描述妳心目中的夢幻生活：
    □a.乘坐私人客機，和世界首富共遊地中海，
      在自己的私人遊艇上開狂歡Party。　+4
    □b.不用上班，在家當少奶奶。中午逛遠企，
      晚上吃麗晶，其他時間在塑身中心做按摩浴。　+3
    □c.在清晨有鳥叫的地方起床，感受大自然的呼吸，
      在禪修的樂聲中，體會人生的奧祕。　+1
    □d.一年休假兩個月，可以去歐洲shopping或
      日本泡湯。　+2
    （　）

10.你代表公司參加一個五星級飯店的記者會，中午附設午
   宴，在座有黨政高官和媒體名人，你沒有被邀請，門口
   卻沒有人阻止你進去。請問你會不會蒙混進去？
    □a.會。混一頓午餐。+3
    □b.不會。被發現更糗。+2
    □c.會。好好利用這個機會發發名片，結識權貴。+4
    □d.不會。寧願去外面吃路邊攤。+1
    （　）

11.你希望別人注意到：(女生請做下一題)
    □a.你金光閃閃的袖扣，和雙B的車鑰匙。　+4
    □b.你身上Boss的香水味，和金城武的髮型。　+3
    □c.你工作表現傑出，說話有說服力。　+2
    □d.你不希望別人注意到你。　+1
    （　）

12.日劇《大和拜金女》裡，櫻子的家裡失火，暗戀她多時
   的歐介闖入火場，卻只幫她救出一件衣服。如果妳是櫻
   子，看見奄奄一息的歐介奪門而出，妳的反應是：
    □a.芳心大悅！獻上香吻。　+2
    □b.讓歐介先休息，等下再質問他為什麼把衣服弄了一個
      洞。　+3
    □c.其實衣服不是重要的東西。
      為歐介單純的心意感動。　+1
    □d.「喂。喂。現在不是昏倒的時候，配這件衣服的鞋子
      在房間靠門第二個拉門打開第三排鞋櫃上。」　+4
    （　）

13.你必須出席一個重要的宴會，可是你的名牌套裝裡，少
   了一件可以搭配的毛衣，你會怎麼處理？
    □a.無法找到合適的衣服就寧願待在家裡。　+4
    □b.把Giordano的青蛙標誌遮住，勉強代替。
      只要外表看不出即可。　+3
    □c.隨便。已經來不及了，就算是BVD內衣也行。　+2

    □d.自然就好，我不會為了參加宴會特別費心。　+1
    （　）

14.在公司的尾牙，你因為先離席，把抽獎券給了別人，結果
   後來這張獎券中了50萬，你的反應是：
    □a.又後悔，又羨慕，狠狠敲他一頓才甘心。　+2
    □b.嘆一口氣，回家吃齋誦經。　+1
    □c.無所謂。50萬沒什麼了不起，還不夠一個晚上在某家五
      星級俱樂部開香檳。　+4
    □d.理直氣壯，找他要錢，頂多給他抽5萬當獎金。　+3
    （　）

15.如果你結婚的前夕，獲知另一半宣告破產，你將背負200
   萬元的債務，你的反應是：(女生請做下一題)
    □a.婚禮照常舉行，完全不受影響。　+2
    □b.說自己得了絕症，希望婚禮延期。　+3
    □c.心甘情願的為她付出，享受當悲劇主角的浪漫。　+1
    □d.馬上搬家，換手機，安排下一回合的相親。　+4
    （　）

16.《大和拜金女》裡的櫻子說只要了解男人的「年收入、遺
   產、房地產」，就可以檢驗一個男人的身價，作為是否繼
   續交往的條件。妳的看法是：
    □a.完全正確。這是我的座右銘。　+3
    □b.不同意，交往不應該看對方是否有錢，而應該看彼此的
      心意。　+1
    □c.如果他長得像瀧澤秀明，或像木村拓哉一樣深情，
      或許可以開個特例。　+2
    □d.太過草率的檢驗標準對某些男人不公平，應該加上算命
      的結果，看看有沒有中獎的偏財運。　+4
    （　）

17.以前常常照顧你的好友突然發生債務危機，你的反應是：
    □a.馬上斷絕聯絡。+4
    □b.漸漸疏遠。+3
    □c.給予適時的關心和慰問。+1
    □d.義不容辭，慷慨解囊。+2
    （　）

請將以上的得分累計。下列的解析僅供參考！

39~48

拜金指數200%

金錢，是你人生的中心目標，也是你結交朋友的標準。穿衣打扮的目的在交換手上的鑽戒，LV的外套將使你獲得更多股市情報。你的辨識力極佳，可以從交往對象的三句話套出對方是捷安特還是Toyota。在更大的豪宅面前，你永遠單身。而就算全天下追你的人都死光了，也不和穿著Hang Ten的窮人打交道。你自戀。對你而言，最尷尬的莫過於倒垃圾時穿運動短褲而被熟人看到，那比沒穿衣服被人偷拍還糟。你的隨意，是一種刻意營造的隨意。你的邂逅，是價值千萬的邂逅。你無法忍受平凡，如果情人不能用來公開展示，就失去了交往的必要。你會為了新買的項鍊出門，刻意走在東區人潮最多的街道。為了秀一件真皮外套，忍受七月陽光的煎熬。你喜歡夏天，因為可以露出抽脂過的小腹；你喜歡冬天，因為可以響應貂皮大衣的號召。金錢，物質享受，都是你的偽裝，是你用來證明自己，讓自己與眾不同的方式。真實的你，缺乏安全感，找不到任何除了錢以外，自己存在的價值。你害怕被人討厭、害怕被瞧不起。你不相信卸下面具之後，還有任何人會愛你。事實上，你不愛錢，你只是把錢當作愛的替代品。你無法去愛卸了妝的你自己。

30~38

拜金指數75%

你拜金，但因為現實的考量，對於彰顯品味一事，不得不產生許多權宜的做法。你會在遠企看準一套衣服，再到士林夜市搶購一件兩百五。你的大衣是Moschino，裡面的內衣褲卻來自五分埔。平常，你對待金錢的態度理性而節制，願意加班熬夜；但需要擺闊的時候，也會打腫臉充胖子。為了錢，你放棄許多自我堅持。不管你學生時代是否充滿理想，參與過人權運動，你現在最大的心願就是擁有菲傭。不論你是不是曾經為了台灣獨立，走上街頭，你現在準備進軍大陸，目標在上海蓋摩天大樓。你自認不是有錢人，常抱怨有錢的朋友威作福，其實暗地裡打聽他都在哪裡購物。你翻開報紙，討謎富翁的生活令人髮指、縱欲無度，但如果你有幸被黃任中收養，你也會每天纏著「乾爹」要禮物。你說財富不重要，可是不用Benz送你回家，就再也不會接到你的電話。你說朋友最重要，可是聽到朋友加薪，你會暗地跳腳。你十分具有競爭意識，認為有錢，才能在這個社會上成功，贏得尊重。你平時因為過分計算未來，所以無法享受現在。等你真正成了有錢人，過多的閒暇又令你惶恐。金錢，充其量只是你的武器，用來擊潰敵人，彰顯自己。真實的你活得很辛苦，無法與金錢和平共處。

21~29

拜金指數40%

你是隱性的拜金族，對金錢的態度充滿矛盾。你想花錢，但消費的欲望，不敵隨之而來的罪惡感。看中一個心愛的手環，偏說自己戴起來不好看，看看就好。試穿的鞋子很合腳，卻推說沒有搭配的衣服，送人比較好。好不容易決定去一家高級餐廳，看了菜單的價錢，又趁服務生倒水的時候奪門而出。你常在季節結束的時候，才興起一股改變自己的衝動。在流行已經退燒的時候，才鼓起勇氣尋找葡式蛋塔和Hello Kitty的芳蹤。你總是在滿街迷你裙的時候，尷尬的詢問上一季中長裙的下落。朋友都以為你不愛買，但你壓抑的欲望會偷偷在一次大採購中爆發，買回來的物品可以在荒島上過一年。你對賺錢也充滿矛盾。有的時候，你很積極，工作努力，但多數的時候，你告訴自己，金錢，像愛情，是一種可怕的幻覺。因此，升遷沒有輪到你，你暗自慶幸；裁員裁到你，正好安排出國旅行。你時常安慰自己，錢夠花就好，沒有費心的必要。你認為，人會因為有錢失去朋友，失去自我，還要擔心你愛的人會因為錢和你交往。如果你不是真的安貧樂道，不妨想想，這些是否只是藉口，其實你無法正視自己物質享受的欲望。

12~20

拜金指數10%

恭喜你，你是四種類型中，唯一可以輕鬆和金錢和平共處的。基本上，你不把錢放在眼裡，所以大吃大喝，也沒有焦慮。因為你沒有品牌壓力，所以路邊攤，也可以吃得高興。你不太明白為什麼有人把錢看得那麼重要。對你而言，生活本身有很多值得追求的事。事物的價值無法用錢衡量。幸福可以是凱悅，也可以穿著露指拖鞋，嚼著「金國花」檳榔，悠哉地在夜市吃鯊魚煙配乾麵。你通常無法記得你有多少存款，也不特別注意股票。你不刻意裝扮你的外表，相信內涵比較重要。你愛美，卻不會花大錢去塑身。你打扮，只是因為今天心情好。你不會因為一個人的財富，就與他交往。也不會認為貧窮一定比較高尚。當所有人在聊CD和LV，你聽不懂也不會裝懂，或緊張地陪笑。你尖叫，不是因為聽到誰家有九棟房子，而是喜歡的作家又出了一本詩集。你讀《紅樓夢》不是因為羨慕人家有錢，而是欣賞每天吟詩作對，與人交遊的生活。你喜歡獨處，可以沉思一個下午。你過著自在的生活，而且確信自己的生活方式很好。　■

Money, money, money
Must be funny
In the rich man's world
——**ABBA**

國家圖書館出版品預行編目資料

財富地圖／黃秀如主編--初版--台北市
：網路與書，2002[民91]
面；　　公分．--（Net and Books網路與書
雜誌書；3)

ISBN 957-30266-2-7（平裝）

1. 財富　2. 理財

191　　　　　　　　　　　　　91005441

如何購買Net and Books 網路與書

0 試刊號

＞特集
閱讀法國

從4200筆法文中譯的書單裡，篩選出最經50種閱讀法國不能不讀的書。從《羅蘭之歌》到《追憶似水年華》，每種書都有介紹和版本推薦。
定價：新台幣150元

存量有限。請儘速珍藏這本性質特殊的試刊號。

1 《閱讀的風貌》

試刊號之後六個月，才改變型態推出的主題書。第一本《閱讀的風貌》以人類六千年閱讀的歷史與發展為主題。包括書籍與網路閱讀的發展，都在這個主題之下，結合文字與大量的圖片，有精彩的展現。本書中並包含《台灣都會區閱讀習慣調查》。
定價：新台幣280元

2 《詩戀Pi》

在一個只知外沿擴展的世界中，在一個少了韻律與節奏的世界中，我們只能讀詩，最有力的文章也只是用繩索固定在地面的熱氣球。而詩則不然。
（人類五千年來的詩的歷史，也整理在這本書中。）
定價：新台幣280元

3 《財富地圖》

如果我們沒法體認財富、富裕，以及富翁三者的差異，必定對「致富」一事產生觀念上的偏差與行為上的錯亂。本期包含：財富的觀念與方法探討、財富的歷史社會意義、古今富翁群像、50本大亨級的致富書單，以及《台灣地區財富觀調查報告》。
定價：新台幣280元

4 《做愛情》

愛情經常淪為情人節的商品，性則只能做，不能說，長期鎖入私密語言的衣櫃。本期將做愛與愛情結合，大聲張揚。從文學、歷史、哲學、社會現象、大眾文化的角度解讀「做愛情」，把愛情的概念複雜化。用攝影呈現現代藝術的多面，把玩愛情的細部趣味。除了高潮迭起的視聽閱讀推薦，並增加小說創作單元。
定價：新台幣280元

5 《詞典的兩個世界》

本書談詞典的四件事情：
1).詞典與人類歷史、文化的發展，密不可分的關係。2).詞典的內部世界，以及編輯詞典的人物與掌故。3).怎樣挑選、使用適合自己的詞典——這個部分只限於中文及英文的語文學習詞典，不包括其他種類的詞典。4).詞典的未來：談詞典的最新發展趨勢。
定價：新台幣280元

6 《移動在瘟疫蔓延時》

過去，移動有各種不同的面貌與定義。冷戰結束後，人類的移動第一次真正達成全球化，移動的各種面貌與定義也日益混合。2003年，戰爭的烽火再起，SARS的病毒形同瘟疫，於是，新的壁壘出現，我們必須重新思考移動的形式與內容。32頁別冊：移動與傳染病與SARS。
定價：新台幣280元

7 《健康的時尚》

這個專題探討的重點：什麼是疾病；怎樣知道如何照顧自己，並且知道不同的醫療系統的作用與限制；什麼是健康，以及如何選擇自己的生活風格來提升自己的生命力。如同以往，本書也對醫療與健康的歷史做了總的回顧。
定價：新台幣280元

8 《一個人》

單身的人有著情感、經濟與活動上的自由，但又必須面對無人分享、分憂或孤寂的問題。不只是婚姻定義上的單身，「一個人」的狀態其實每個人都會遇到，它以各種形式出現，是極為重要的生命情境或態度。在單身與個人化社會的趨勢裡，本書探討了一個人的各種狀態、歷史、本質、價值與方法。
定價：新台幣280元

9 《閱讀的狩獵》

閱讀就是一種狩獵的經驗。每個人都可以成狩獵者，而狩獵的對象也許是一本書、一個人物、一個概念。這次主要分析閱讀的狩獵在今天出現了哪些歷史性的變化、獵人各種不同的形態，細味他們的狩獵經驗、探討如何利用各種工具有系統地狩獵，以及回顧過去曾出現過的禁獵者及相關的歷史。這本書獻給所有知識的狩獵者。
定價：新台幣280元

10 《書的迷戀》

從迷戀到痴狂，我們對書的情緒有著各種不同的層次。本書要討論的是，為什麼人對書的實體那樣執著？比起獲取書裡的知識，他們更看重擁有書籍的本身。中西古今在形態和市場價值上差別如此大，我們不能不沉思其背後的許多因素。本書探討是書籍型態的發展、書痴的狂行與精神面貌、分享他們搜書、藏書和護書經驗，及如何展現自己的收藏。
定價：新台幣280元

11 《去玩吧！》

玩，就是一種跳脫制式常軌的狀態或心情。玩是一種越界。雖然玩是人的天性，卻需要能量，需要學習。本書分析了玩的歷史與文化，同時探討玩的各種層次：一生的玩，結合瘋狂與異想；一年的玩，結合旅行與度假；一週的玩，作為生活節奏的調節與抒解；每天的玩，一些放鬆與休息。藉此，勾勒讀者想玩的心情與行動。
定價：新台幣280元

Net and Books 網路與書

訂購方法

1. 劃撥訂閱

劃撥帳號：19542850　　戶名：英屬蓋曼群島商 網路與書股份有限公司 台灣分公司

2. 門市訂閱

歡迎親至本公司訂閱。　　台北：台北市105南京東路四段25號10樓之1。

營業時間：週一至週五上午9：00至下午5：00

3. 信用卡訂閱

請填妥所附信用卡訂閱單郵寄或傳真至台北(02)2545-2951。

如已傳真請勿再投郵，以免重複訂閱。

信用卡訂購單

本訂購單僅限台灣地區讀者使用。台灣地區以外讀者，如需訂購，請至www.netandbooks.com網站查詢。

□訂購試刊號　　　　　　定價新台幣150元×＿＿冊=＿＿＿元　　□訂購第8本《一個人》　　　定價新台幣280元×＿＿冊=＿＿＿元

□訂購第1本《閱讀的風貌》　定價新台幣280元×＿＿冊=＿＿＿元　　□訂購第9本《閱讀的狩獵》　定價新台幣280元×＿＿冊=＿＿＿元

□訂購第2本《詩戀Pi》　　　定價新台幣280元×＿＿冊=＿＿＿元　　□訂購第10本《書的迷戀》　定價新台幣280元×＿＿冊=＿＿＿元

□訂購第3本《財富地圖》　　定價新台幣280元×＿＿冊=＿＿＿元　　□訂購第11本《去玩吧！》　定價新台幣280元×＿＿冊=＿＿＿元

□訂購第4本《做愛情》　　　定價新台幣280元×＿＿冊=＿＿＿元　　□訂購第12本《我的人生很希臘》定價新台幣280元×＿＿冊=＿＿＿元

□訂購第5本《詞典的兩個世界》定價新台幣280元×＿＿冊=＿＿＿元　　□訂購第13本《命運》　　　定價新台幣280元×＿＿冊=＿＿＿元

□訂購第6本《移動在瘟疫蔓延時》定價新台幣280元×＿＿冊=＿＿＿元　□訂購第14本《音樂事情》　定價新台幣280元×＿＿冊=＿＿＿元

□訂購第7本《健康的時尚》　定價新台幣280元×＿＿冊=＿＿＿元

以上均以平寄，如需掛號，每本加收掛號郵資20元。

□預購第15本至第26本之《網路與書》（不定期陸續出版）　　特價新台幣2800元×＿＿＿套=＿＿＿＿＿元

□預購第15本至第26本，每套加收掛號郵資240元。

訂 購 資 料		
姓名：	生日：	性別：□男　　□女
身分證字號：	電話：	傳真：
E-mail：	郵寄地址：□□□	
統一編號：	收據地址：	

信 用 卡 付 款
卡　別：□VISA　　□MASTER　　□JCB　　□U CARD
卡　號：＿＿＿＿＿＿＿＿＿＿＿＿　　有效期限：200　　年　　月止
持卡人簽名：＿＿＿＿＿＿＿＿＿＿＿　（與信用卡簽名同）
總金額：＿＿＿＿＿＿＿＿＿＿＿　發卡銀行：＿＿＿＿＿＿＿＿＿＿

如尚有任何疑問，歡迎電洽「網路與書」讀者服務部

服務專線：0800-252-500　傳真專線：＋886-2-2545-2951

服務時間：週一至週五上午9：00至下午5：00　　E-mail：help@netandbooks.com